Christoph Burkard
Gerhard Eikenbusch
Mats Ekholm

Starke Schüler –
gute Schulen
Wege zu einer neuen Arbeitskultur
im Unterricht

Christoph Burkard
Gerhard Eikenbusch
Mats Ekholm

Starke Schüler – gute Schulen
Wege zu einer neuen Arbeitskultur im Unterricht

Die in diesem Werk angegebenen Internetadressen haben wir überprüft (Redaktionsschluss 30. Juni 2003). Dennoch können wir nicht ausschließen, dass unter einer solchen Adresse inzwischen ein ganz anderer Inhalt angeboten wird. deshalb empfehlen wir Ihnen dringend, die Adressen vor der Nutzung im Unterricht selbst noch einmal zu überprüfen.

 http://www.cornelsen.de

Gedruckt auf chlorfrei gebleichtem Papier
ohne Dioxinbelastung der Gewässer.

Bibliografische Information
Die Deutsche Bibliothek verzeichnet diese Publikation in der
Deutschen Nationalbibliografie; detaillierte bibliografische Daten
sind im Internet über http://dnb.ddb.de abrufbar.

5.	4.	3.	2.	1.	Die letzten Ziffern bezeichnen
07	06	05	04	03	Zahl und Jahr der Auflage.

© 2003 Cornelsen Verlag Scriptor GmbH & Co. KG, Berlin
Das Werk und seine Teile sind urheberrechtlich geschützt. Jede Verwertung
in anderen als den gesetzlich zugelassenen Fällen bedarf deshalb der vorherigen
schriftlichen Einwilligung des Verlags.
Redaktion: lüra – Klemt & Mues GbR, Wuppertal
Umschlaggestaltung: Bauer + Möhring, Berlin,
unter Verwendung einer Zeichnung von Klaus Puth, Mühlheim
Satz: stallmeister publishing, Wuppertal
Druck und Bindearbeiten: Clausen & Bosse, Leck
Printed in Germany
ISBN 3-589-21874-6
Bestellnummer 218746

Inhalt

Einführung 7
„Gute Schulen bekommt man nur mit starken Schülern" 7
Schulentwicklung mit Schülern: eine Chance für Lehrer 9
Zu diesem Buch 11
    Der Kern: Dialog zwischen Lehrern und Schülern 11

Schulentwicklung *mit* Schülern – wozu soll das gut sein? 16
Argument 1: Professionalisierung der Lehrkräfte unterstützen 18
    Was meint überhaupt „professionelles Lehrerhandeln"? 18
    Sechs wichtige Kriterien für professionelles Lehrerhandeln 20
    Was bedeutet Schulentwicklung *mit* Schülern
    für professionelles Lehrerhandeln? 23
    Was heißt „lernender Lehrer" in der Praxis? 24
Argument 2: Durch Schulentwicklung die Kraft,
das Wissen und die Erfahrungen der Schüler nutzen 26
Argument 3: Erfolgreiche Lernprozesse unterstützen,
Lehrkräfte entlasten und motivieren 27
Argument 4: Stabile Grundlagen für eine gute Arbeitskultur schaffen ... 29
Argument 5: Ein zentrales Element für eine demokratische Schule 30
Genug gute Argumente für Schulentwicklung *mit* Schülern 32

**Schülerrückmeldung – der Kern von Schulentwicklung
im Dialog *mit* Schülern** 34
Rückblick: Reformen und Ressentiments 34
Grundlagen: Schülerrückmeldung als Lern-Dialog 36
Voraussetzungen: Lernende Lehrer, Auftragsklarheit,
Vertrauen in Schüler 38
Ziele, Bereiche, Perspektiven und Verfahren 43
Normen und Spielregeln klären – bevor es los geht 50
Schülerfeedback muss man lernen:
Schüler als reflektierende Praktiker 54
Erste Schritte 55
Selbstkontrolle: Wie man in den Wald hineinruft, ... 58
Wovor man sich bei Schülerfeedbacks hüten sollte 62

Wie funktioniert Schulentwicklung *mit* Schülern? 65
Grundlagen für Planung und Durchführung
   von Schülerrückmeldungen 65
Verfahren für Schülerfeedbacks/-rückmeldungen 72
   Mini-Verfahren zur Bestandsaufnahme:
   Was ist hier eigentlich los? 72
   Unter welchen Bedingungen lernen wir gut? 76
   Schülerfeedback in neuen Klassen starten: Schreibkonferenzen ... 79
   Feedbackgeben trainieren: Aquarium und Gruppeninterview 79
   Vom Glanz und Elend der Fragebögen 80
   Mit Schülern Qualitätskriterien für guten Unterricht vereinbaren ... 88
   Durch Schülerfeedback den diagnostischen Blick schärfen 90
   Materialien als Feedback-Anreiz 95
   Schnell-Rückmeldung 95
   Schülerfeedback über Lernstrategien 95
   Schüler gestalten einen Pädagogischen Tag zum Thema
   „Ironie in der Schule!?" mit 97
   Was steckt in Klassenarbeiten: Lernpläne untersuchen 99
Von Schweden lernen?! Planungs- und Entwicklungsgespräche
   mit Schülern 101
   Individualisierung und Differenzierung im Unterricht 107
   Orientierung an Dokumentation und Präsentation 107
Ernst nehmen und von dem lernen, was die Schüler tun – Portfolio 109
   Ein Alltags-Portfolio: das Arbeitsjournal 111
Schülerfeedback zur Evaluation von Schwerpunkten
   des Schulprogramms nutzen 112
   Unterrichtsbeobachtungen 115
   Dialog pur 116

Lehrer lernen Schulentwicklung *mit* Schülern 118
Strategie I: Auf eigene Faust anfangen – auf eigenes Risiko 118
Strategie II: Beratung durch kritische(n) Freund(in) 119
Strategie III: Netzwerke bilden 120
Strategie IV: Über die Schülervertretung einsteigen? 121
Strategie V: Das Kollegium einbeziehen 122

Literatur 124

Einführung

„Gute Schulen bekommt man nur mit starken Schülern"

Vier Wochen lang haben sich die Schülerinnen und Schüler der sechsten Klasse mit Inge Meyer-Dietrichs Jugendbuch „Und das nennt ihr Mut" beschäftigt. Sie haben Steckbriefe über die Hauptpersonen verfasst und immer wieder die Fragen zu beantworten versucht, warum Andi sich von den Sharks so angezogen fühlt und was ausschlaggebend dafür war, dass er sich von der Gruppe und ihrem Anführer Mike lösen konnte.

„Heute ist die letzte Stunde über das Jugendbuch", kündigt die Lehrerin an, „wir machen ein Abschlussgespräch."

Die Schüler lehnen sich zurück. Sechs Jahre gehen sie jetzt zur Schule und kennen die Abläufe genau. Gleich wird die Lehrerin nach Eindrücken fragen und Meinungen zusammentragen. Am Schluss wird das rauskommen, was immer bei solchen Abschlussgesprächen herauskommt: Einige werden das Buch gut gefunden haben, einige werden es nach wie vor blöd finden, die Mehrheit wird sich irgendwo in der Sowohl-als-auch-Mitte einordnen. Es melden sich auch schon die Wortführer.

Die Lehrerin winkt ab. Jedem in der Klasse gibt sie je eine runde, eine quadratische und eine achteckige Karte und bittet darum, für die folgende Aufgabe einen dicken Filzstift zu benutzen. Etwas irritiert verfolgen die Schüler, wie sie in der Klasse drei Wandzeitungen befestigt:

Was ist das Wichtigste, das du in der Unterrichtsreihe gelernt hast?

Wenn du eine Sache der Unterrichtsreihe hättest verändern können: Was hättest du verändert?

Was willst du in den nächsten 4 Wochen im Deutschunterricht lernen?

„Können wir nicht einfach so darüber sprechen?", fragt eine Schülerin.
„Erst, wenn alle etwas auf ihre Karten geschrieben haben."
Gemurmel, unzufriedenes Murren.
„Schreibt bitte in Druckschrift – und mindestens 3 cm große Buchstaben!", erklärt die Lehrerin.
„Ist das anonym?"
„Klar."
Man merkt, wie schwer es der Lehrerin fällt, ihren Schülern jetzt nicht über die Schultern zu blicken. Die Schüler tuscheln miteinander, tauschen Karten aus. Fünf Minuten später sind alle fertig, die Lehrerin lässt die Karten auf die Wandzeitungen kleben. Sie überfliegt, was ihre Schüler geschrieben haben, und ist erleichtert: Es hat keine Ausreißer gegeben. Die Schüler stehen um die Wandzeitungen herum. Viele diskutieren, einige machen sich lustig und zeigen immer wieder auf bestimmte Karten.

Als nach zehn Minuten die Ersten anfangen, in der Klasse herumzulaufen, bittet die Lehrerin die Schüler, sich auf ihre Plätze zu setzen und leise zu sein.

„Schreibt jetzt bitte die drei Fragen in euer Heft, die auf den Karten standen. Lasst unter jeder Frage einige Zeilen frei. Notiert dort, was ihr geantwortet habt und was für euch auf anderen Karten wichtig war."

Endlich folgt das Klassengespräch. Zuerst läuft es fast ein wenig aus dem Ruder, denn es geht den Schülerinnen und Schülern nur um die Frage, welche Angaben am häufigsten gemacht wurden. Es geht ums Rechthaben und darum, in der Klasse zur Mehrheit zu gehören.

„Stellt euch vor", unterbricht die Lehrerin, „es würde jetzt plötzlich ein fremdes Wesen in unserer Klasse stehen und die Wandzeitungen lesen. – Was würde es über unsere Unterrichtsreihe und die Klasse denken?"

Es klingelt. Kurze Pause.

Mühsam verschafft sich die Lehrerin Ruhe, stellt den Schülern die Frage als Hausaufgabe. Die Kollegin, die in der nächsten Stunde unterrichten soll, ist bereits eingetreten. Sie schaut sich um.

„Wozu und für wen soll das eigentlich gut sein?", will die Kollegin wissen.
„Haben Sie etwa demnächst 'ne Revision?" Sie fragt das ernsthaft, ohne jede Häme.

Einführung

Schulentwicklung *mit* Schülern: eine Chance für Lehrer

Noch ist eine derart systematische Einbindung von Schülerinnen und Schülern in die Entwicklung des Unterrichts in deutschen Schulen eher die Ausnahme als die Regel, obgleich sie bereits seit Jahren Gegenstand der Diskussion um Schulentwicklung ist. Es ist für Lehrer und Lehrerinnen im Schulalltag eher noch ungewohnt, so direkt eine Rückmeldung ihrer Schüler zu suchen. Nicht wenige reagieren auf diese Anforderung mit größter Zurückhaltung. „Ich will und werde mich nicht von Schülern bewerten lassen. Meine Arbeitsweise und meine Persönlichkeit stelle ich doch nicht zur Disposition der Schüler!", lautet häufig die spontane Reaktion, wenn man Lehrkräften solche Verfahren neu vorschlägt – zunächst einmal verständlich. Denn wie ein Lehrer oder eine Lehrerin unterrichtet, ist in der Regel ein Ergebnis eines langen und komplexen beruflichen Entwicklungsprozesses. Diesen kann man nicht beliebig zur Disposition stellen oder einfach nur nach Wünschen oder Anforderungen von anderen ausrichten.

Hinter dieser abwehrenden Reaktion verbergen sich fundamentale Missverständnisse, die es auszuräumen gilt:

- Niemand erwartet, dass sich Lehrer ständig in Frage stellen lassen.
- Niemand fordert, dass sie sofort alles ändern müssen.
- Im Mittelpunkt der Fragestellungen an die Schülerinnen und Schüler steht nicht die Bewertung der Persönlichkeit des Lehrers, der Lehrerin. Es geht um eine Analyse und Bewertung von Unterricht – um die Frage, ob man diesen gut und professionell gestaltet und ob und wie gegebenenfalls Verbesserungen möglich wären. Was liegt da näher als ein Dialog mit denjenigen, die den Lehrer, die Lehrerin Tag für Tag im Unterricht erleben und die seine/ihre Arbeit besser kennen als jeder andere in der Schule?
- Wer sagt, dass Schülerinnen und Schüler nur negative Urteile abgeben? Ihre Rückmeldungen bieten für Lehrkräfte im Gegenteil die Chance, einen distanzierten und differenzierten Blick auf die eigene Arbeit zu werfen. Sie können in Erfahrung bringen, wo Schüler ihre Arbeit bestätigen, wo ihre Ziele erreicht werden. Sie können aber auch sehen, wo Weiterentwicklungen möglich oder notwendig sind. Warum auf die Chance verzichten, sich positive Bestätigung abzuholen oder kritische Zustände zum Positiven zu verändern?

Dass es für die einzelne Lehrkraft und die Schule hilfreich und förderlich sein kann, die Schülerinnen und Schüler in die Schulentwicklung aktiv einzubeziehen und dabei von ihnen auch Rückmeldungen einzuholen, haben Schulentwickler bereits früh erkannt und immer wieder gefordert. Zuerst stand dabei die Idee im Vordergrund, Schulentwicklung *für* Schüler zu machen. Schülerinnen und Schüler gerieten zunächst in die Rolle von Zulieferern oder Kunden und wurden vorrangig als Adressaten für neue Strategien und Methoden gesehen oder als Gruppe, die etwas umsetzen oder ihre Meinung über etwas sagen soll.

Den eigenen Unterricht angemessen einordnen zu können, ist eine wesentliche Voraussetzung für berufliches Selbstbewusstsein und Unterrichtsentwicklung. Schulentwicklung *mit* Schülern hilft Lehrern, die eigene Arbeit erfolgreich zu gestalten. Gelingt es, die Kraft und die Erfahrungen der Schüler zu entfalten, dann kann man sie auch im Interesse aller nutzen. Wird die Kompetenz der Schülerinnen und Schüler konstruktiv eingebunden, entlastet dies den einzelnen Lehrer. Es trägt dazu bei, die Arbeitszufriedenheit zu erhöhen. Schulentwicklung *mit* Schülern unterstützt Lehrkräfte dabei, die Arbeitskultur der Schule so zu gestalten, dass die Schüler als kompetente Lerner agieren können. Schließlich bietet sie Lehrkräften die Möglichkeit, sich Gewinn bringend im eigenen Unterricht an Schulentwicklung zu beteiligen und damit die Schule *und* sich selbst weiterzuentwickeln.

Schulentwicklung *für* Schüler würde auf halber Strecke stehen bleiben, viele Möglichkeiten und Chancen würden nicht genutzt. Wenn Schulentwicklung *mit* Schülern gemacht wird, wenn sie aktiv einbezogen werden und dabei eine Hauptrolle spielen, dann wird Schulentwicklung wirksamer und erfolgreicher werden.

Schüler, die – im wahrsten Sinne des Wortes – etwas zum Unterricht und zur Schule zu sagen haben, die sich einbringen und ihre Ergebnisse präsentieren können, werden zu Beteiligten und echten Mitarbeitern, sie gestalten Schule und Unterricht aktiv mit. Das fördert die Entwicklung der Schülerinnen und Schüler, es unterstützt die Schulentwicklung und es ist ein bedeutender Beitrag für eine demokratische Schule.

Einführung 11

Zu diesem Buch

Wir möchten Ansätze und konkrete Verfahren zeigen, wie Schulentwicklung *mit* Schülern gelingen kann. Weil dieses Konzept aber noch lange nicht selbstverständlich und erst recht noch keine gängige Praxis[1] ist, erläutern wir vorab im ersten Kapitel die Grundlagen für Schulentwicklung *mit* Schülern und stellen Argumente und Begründungen vor. Schulentwicklung *mit* Schülern ist mehr als nur eine Technik oder eine neue Methode. Wenn man sie erfolgreich praktizieren will, muss man ihre pädagogischen Grundlagen verstehen und wissen, wann und wie sie Sinn macht.

Schulentwicklung *mit* Schülern ist in vielen Schulen und bei Kollegen noch ungewohnt. Deshalb braucht man Antworten, wenn man – wie die Lehrerin in unserem eingangs genannten Beispiel – gefragt wird: „Wozu und für wen soll das gut sein?". Wenn man argumentieren kann, warum und wie das auch für Lehrkräfte Sinn macht, wird es leichter werden, Kollegen dafür zu gewinnen.

Der Kern: Dialog zwischen Lehrern und Schülern

Damit Schulentwicklung *mit* Schülern überhaupt in Gang kommen kann, ist ein Dialog zwischen Schülern und Lehrkräften unumgänglich: Er ist ihr Kern. Es geht dabei um mehr als nur darum, miteinander zu reden. Im Dialog zwischen Schülern und Lehrkräften sollen bei einer Schulentwicklung *mit* Schülern vielmehr Sichtweisen, Erfahrungen, Erkenntnisse, Erwartungen und Einschätzungen formuliert und miteinander ausgetauscht werden, um im Unterricht und in der Schule weiterzukommen. Wie sehr Lehrerinnen und Lehrer auf solch einen Dialog warten und wie sehr sie ihn brauchen, zeigt sich häufig, wenn wir im Rahmen von Fortbildungsseminaren die folgende Übung durchführen:

Übung : „Alles, was Sie schon immer von Schülern wissen wollten, aber nie zu fragen wagten ..."
Jede Lehrkraft schreibt für sich (jeweils auf eine Karte) Fragen auf, die sie schon lange Schülern über ihren Unterricht stellen wollte. Dann werden in

---

1 In Deutschland, Österreich und in der Schweiz konzentrieren sich die Ansätze meist auf das ‚Schülerfeedback' (zum Beispiel Sächsische Arbeitsstelle 2000; Staatsinstitut für Schulpädagogik München 2002; Schulen Oenz 1998; Bundesministerium Wien 1999); weitergehende Konzepte u. a. bei MÜLLER 1996; Kantonsschule Zug 1999; BÖTTCHER/PHILIPP 2000.

der Gruppe die Fragen auf einem Wandfragebogen zusammengetragen. Jedes Gruppenmitglied kann danach ankreuzen, wie wichtig ihm die einzelnen Fragen sind. Die vierte Spalte bleibt vorerst noch frei.

Das würde ich meine Schüler gern fragen (Beispiele):	ja	nein	weiß nicht	...*
1. Kommt ihr gern in meinen Unterricht?				
2. Warum kommt ihr oft so müde in den Unterricht?				
3. Was interessiert euch am meisten in meinem Unterricht?				
4. Wie schätzt ihr die Klasse ein?				
5. Was können wir tun, damit der Unterricht besser wird?				
6. Was fällt euch im Unterricht schwer/leicht?				
7. Was soll ich machen, wenn jemand dauernd die Hausaufgaben vergisst?				
8. Wie kommt ihr in der Klasse miteinander aus?				
9. Wie findet ihr die Notengebung?				
10. Gibt es irgendetwas, das euch im Unterricht sehr stört?				
11. Wie findet ihr meinen Unterricht?				
12. Was war die beste/schlechteste Unterrichtsstunde der letzten vier Wochen?				
13. …				
* wird im zweiten Schritt ergänzt				

Zu diesem Buch

Wenn man diese Übung durchführt, zeigt sich in der Regel, dass fast alle Lehrkräfte über die Jahre hinweg eine Menge Fragen angesammelt haben, die sie ihren Schülern schon immer einmal stellen wollten und die nun zum ersten Mal ungefiltert auf den Tisch kommen. Oft muss man die Teilnehmer bitten, ihre Fragen auf die fünf wichtigsten zu reduzieren, um die folgende Arbeitsphase nicht zu überlasten.

Im zweiten Schritt sollen die Teilnehmer nämlich herausfinden, welche der Fragen wirklich hilfreich für ihre weitere Arbeit und für die Schulentwicklung sein können. Mit Hilfe der Frage: „Würden Ihnen die Antworten helfen, Ihren Unterricht oder die Schule zu verbessern?" (Ankreuzen in Spalte 4) werden dann unergiebige Fragen ausgefiltert. Dazu gehören in der Regel auch Fragen, die ausschließlich auf eine Bewertung der Lehrerpersönlichkeit oder auf subjektive Geschmacksurteile zielen („Wie findet ihr mich?..."). Die Fragen, die sich dann als wichtig und hilfreich erwiesen haben, werden so umformuliert, dass Schüler sie gut beantworten können.

So wurde etwa die Frage: „Warum habt ihr manchmal so wenig Interesse im Unterricht?" zu folgendem Kurzfragebogen weiterentwickelt:

Klassenumfrage

Im Unterricht arbeite ich mit, wenn ...*

(Kreuze an: ++ = sehr viel; -- = sehr wenig)

*(vermutete Ergebnisse einer 9. Klasse)

	++	+	+/–	–	– –
1. das Thema interessant ist.	6	5	11	1	1
2. wir in Gruppen arbeiten.	12	4	4	0	4
3. wir in der 7. Stunde Unterricht haben.	0	0	3	0	21
4. Wahlpflichtkurs ist.	12	2	0	8	2
5. ich keine Hausaufgaben gemacht habe.	1	1	14	6	2
6. ich abends zu lange ferngesehen habe.	4	2	18	0	0
7. mir die Arbeitsformen helfen, besser zu lernen.	3	11	7	3	0
8. ...					

Oft halten Lehrer bei Fortbildungsveranstaltungen die Übung nach diesem Schritt für beendet. Allein die Erarbeitung der Fragen hat bereits viele Einsichten und Hinweise für ihre Arbeit vermittelt. Es fehlt aber noch der entscheidende letzte Schritt: die Erarbeitung von Konsequenzen für die weitere Arbeit. Wie würde man als Lehrer oder Lehrerin mit seiner Klasse über die Ergebnisse einer solchen Befragung reden? Wie würde man versuchen, Konsequenzen daraus zu ziehen? Dazu führen wir eine Kurz-Simulation durch. Die überarbeiteten Fragen werden auf einen Wandfragebogen übertragen. Dann trägt ein Teilnehmer auf dem Wandfragebogen ein, wie seine Klasse die Fragen vermutlich beantworten würde (s. Tabelle S. 12). Die anderen Teilnehmer haben jetzt die Aufgabe, den Lehrer zu beraten: Wie kann man mit den Ergebnissen dieser Befragung so umgehen, dass etwas Produktives für die weitere Arbeit herauskommt?

An dieser Übung wird deutlich: Der Kern des Dialogs bei Schulentwicklung *mit* Schülern ist die systematische und strukturierte Rückmeldung der Schüler darüber, was sie sehen, erleben, leisten und denken. Lehrkräfte, die ihren Unterricht verbessern und entwickeln wollen, erhalten durch Rückmeldungen von ihren Schülern aussagekräftige Angaben dazu:

- wie die Schüler den Unterricht sehen/welche Erfahrungen sie dort gemacht haben,
- was sie im und über den Unterricht gelernt haben,
- was sie vom Unterricht und der Schule erwarten,
- wie sie sich und die Arbeit im Unterricht und in der Schule einschätzen.

Weil Schülerrückmeldungen so hilfreich für den Erfolg des einzelnen Lehrers und so zentral für die Arbeitskultur und die Schulentwicklung *mit* Schülern sind, stellen wir sie in den Mittelpunkt dieses Buches. Hinzu kommt, dass strukturierte und systematische Schülerrückmeldungen in Deutschland bisher noch viel zu unbekannt sind und zu selten angewandt werden.

Im zweiten Kapitel werden wir deshalb zuerst einen Überblick über Voraussetzungen, Ziele, Inhalte, Anlässe und Modelle von Schülerrückmeldungen und Feedbackkultur geben. Im dritten Kapitel zeigen wir dann praktische Umsetzungsmöglichkeiten: Wie können Schülerrückmeldungen funktionieren? Hier präsentieren wir Verfahren, wie Lehrer bei Schülern gezielt für Rückmeldungen und für einen fundierten Erfahrungsaustausch über die Lern- und Arbeitsprozesse im Unterricht sorgen können.

Schulentwicklung *mit* Schülern und damit Schülerrückmeldungen sind eine Sache für lernende Lehrer, die wissen wollen, was in ihrem Unterricht vorgeht, welche Ergebnisse und Wirkungen sie erreichen und wie sie den

Unterricht vielleicht verbessern können. Schulentwicklung *mit* Schülern ist so in erheblichem Maße auch Lehrerentwicklung.

Auch Schüler profitieren von diesem Konzept: Durch vom Lehrer gezielt erhobene Rückmeldungen und durch strukturierten Erfahrungsaustausch werden sie zu „reflektierenden Praktikern". Sie lernen, ihre eigene Arbeit zu untersuchen, Erwartungen zu überdenken und begründete Vorstellungen über guten Unterricht zu erlangen. Schulentwicklung wird so ein Beitrag zur Schülerentwicklung.

So haben Lehrer *und* Schüler eine gute Grundlage für ihre weitere Arbeit. Sie können gemeinsam auf der Basis nützlicher Informationen und reflektierter Vorstellungen verstehen, was sich in ihrem Unterricht und im Schulleben bewährt hat und was erhalten werden sollte. Und sie können Entscheidungen begründen, wo Weiterentwicklung und Veränderungen erforderlich sind und was dazu der geeignete Weg sein kann. Es ist Thema des vierten Kapitels, wie in einer Klasse, einem Kollegium oder in einer Schule solche Analyse-, Findungs- und Entscheidungsprozesse – auch im Sinne demokratischer Schulentwicklung – angelegt werden können.

Wir kommen am Schluss unseres Buches noch einmal zurück auf die Situation in der sechsten Klasse und auf die Frage der Kollegin nach dem Wozu und Für-Wen. Das Schlimmste, was die Deutschlehrerin in dieser Situation hätte tun können, wäre eine erschöpfende und abschließende Antwort zu geben, um damit alle weiteren Bedenken oder Zweifel zu beseitigen. Sobald Schüler zu Hauptpersonen von Schulentwicklung werden, werden auch Kollegen und das Lehrerkollegium zu Hauptpersonen. Sie wollen wissen, welches Stück jetzt gespielt wird, ob sie darin ihre gewohnten Rollen bekommen oder ob sich Chancen oder Gefahren für Umbesetzungen ergeben.

Lange Zeit lief unser Buchprojekt wie selbstverständlich unter dem Arbeitstitel „Gute Schulen – Gute Schüler". Zuerst hat Mats Ekholm bei einem gemeinsamen Seminar darauf hingewiesen, dass im Titel eine irreführende, wenn nicht gar gefährliche Gleichsetzung steckt, vor allem, weil beim „guten Schüler" landläufig zunächst nur auf Schulleistungen abgehoben wird. Den entscheidenden Anstoß zur Veränderung des geplanten Buchtitels gab dann ein Schülersprecher einer Hauptschule bei einem Workshop über Schulentwicklung für Schüler, Eltern und Lehrer. Nachdem er geduldig den Experten zugehört hatte, meldete er sich zu Wort: „Wem gehört eigentlich die Schulentwicklung? Ist das Ihre Sache – oder unsere? Gute Schulen kriegen Sie nur mit uns. Gute Schulen kriegt man nur mit starken Schülern."

Schulentwicklung mit Schülern – wozu soll das gut sein?

Eigentlich sollte es selbstverständlich sein, dass Schülerinnen und Schüler aktiv an Schulentwicklung beteiligt werden. In Gesetzen beziehungsweise Vorschriften aller Bundesländer wird Schülerinnen und Schülern mindestens im Rahmen der Schülermitverantwortung die Möglichkeit gegeben, „Leben und Unterricht ihrer Schule ihrem Alter und ihrer Verantwortungsfähigkeit entsprechend mitzugestalten" (Bayerisches Gesetz über das Erziehungs- und Unterrichtswesen 2000, § 62). Dabei reicht der Schülern zugestandene Einfluss auf die Arbeit in der Schule vom einfachen Recht auf Anregung über den Aufruf zur Mitarbeit bis hin zur institutionellen Verankerung der Mitbestimmung der Schüler (zum Beispiel Hessisches Schulgesetz 2002, §§ 127b–128; Schulmitwirkungsgesetz NRW, § 5;2,22).

Die Realität der Schülermitwirkung sieht aber häufig anders aus. Eine über die formelle Beteiligung in den Mitwirkungsgremien hinausgehende Beteiligung von Schülerinnen und Schülern an Schulentwicklungsprozessen ist eher die Ausnahme als die Regel. Für das Bundesland Nordrhein-Westfalen liegen dazu sogar aktuelle Zahlen vor. Dort mussten bis Ende des Jahres 2000 alle Schulen ein Schulprogramm erarbeiten. Die dabei gesammelten Erfahrungen wurden im darauf folgenden Jahr ausgewertet. Es zeigte sich, dass in fast allen Schulen (94 Prozent) das Schulprogramm in der Schulkonferenz beraten wurde, in rund 57 Prozent der Schulen war das Schulprogramm auch Thema im Schülerrat. Aber in nur 17 Prozent der Schulen waren Schülerinnen und Schüler wenigstens zeitweise Mitglieder einer Schulprogrammgruppe und in nur 24 Prozent aktiv an der Verschriftlichung des Schulprogramms beteiligt (vgl. Landesinstitut 2002, S. 14).

Dies sind sicherlich keine zufrieden stellenden Ergebnisse, wenn man bedenkt, dass Schüler als Mitglieder der Organisation Schule – gewollt oder ungewollt, direkt oder indirekt – den Unterricht und das Schulleben grundlegend prägen. Sie bestimmen mit, wie in einer Schule gelernt wird, sie bestimmen mit, wie viel Energie sie in ihre Arbeit stecken. Durch ihre Reaktionen, Ergebnisse und Rückmeldungen steuern sie das Arbeitsklima in der Schule wesentlich mit. Und von ihnen hängt es ab, ob die gesetzten Ziele erreicht werden. Das allein ist – aus Sicht der Organisationsentwicklung – bereits Grund genug, Schülern bei der Schulentwicklung eine hohe Bedeutung einzuräumen.

Gern wird Schülern zugestanden, in der Schule auf einer Nebenbühne eine Hauptrolle zu spielen, zum Beispiel bei der Gestaltung von Feiern oder im außerunterrichtlichen Bereich. Viel wichtiger aber wäre eine Hauptrolle für die Schüler auf der Hauptbühne: im Unterricht. Bekämen sie diese, dann könnten sie mehr Selbstvertrauen für die Arbeit im Unterricht erlangen. Ihre Realitätswahrnehmung würde geschärft, sie könnten versuchen, auf Unterrichtsabläufe Einfluss zu nehmen, zum Beispiel durch Eingrenzung oder Gliederung der Arbeitsaufgaben, durch Entscheidungen für bestimmte Arbeitsformen oder durch Setzung eines Zeitrahmens und der Zeiteinteilung.

Die aktive Beteiligung von Schülerinnen und Schülern an Schulentwicklung sollte also eigentlich selbstverständlich sein: ganz einfach, weil es in der Realität ja faktisch schon so ist, weil es sich lohnt und, nicht zuletzt, weil es einen gesetzlichen Auftrag dazu gibt. Aber wenn man sich die konkrete Situation in den Schulen anschaut, muss man in der überwiegenden Zahl der Fälle feststellen, dass Schülerbeteiligung weder bei Schülerinnen und Schülern noch bei Lehrern und Eltern selbstverständlich ist, dass ihr oft mit Vorurteilen begegnet wird und dass man ihren Nutzen und ihren Wert nicht erkennt. Deshalb muss man immer wieder dafür werben und gute Grunde für sie liefern. Wir möchten dazu im Folgenden fünf besonders wichtige Argumente anbieten:

Schulentwicklung *mit* Schülern:
- gehört zum professionellen Handeln der Lehrkräfte und hilft ihnen, zu guten Ergebnissen zu kommen,
- nimmt Schülerinnen und Schüler ernst und nutzt ihre Kraft, ihr Wissen und ihre Erfahrungen,
- unterstützt erfolgreiche Lernprozesse bei Schülern und entlastet und motiviert Lehrkräfte,
- schafft stabile Grundlagen für eine gute Arbeitskultur,
- ist ein zentrales Element einer demokratischen Schule.

Argument 1:
Professionalisierung der Lehrkräfte unterstützen

Dass Lehrerinnen und Lehrer ein Interesse daran haben müssten, ihr Handeln mit Hilfe der Schulentwicklung *mit* Schülern zu professionalisieren, ist – zumindest im deutschen Sprachraum – ein Argument, das nicht selten auf Akzeptanzprobleme oder auf Missverständnisse stößt. Es gilt noch immer als ungewohnt – wenn nicht gar befremdlich oder überheblich –, wenn Lehrer von „professionellem Lehrerhandeln" reden oder wenn sie sich als Professionals bezeichnen. Doch gerade negative Schlagzeilen in den Medien und das zum Teil schlechte Image des Berufes Lehrer legt etwas ganz anderes nahe: Eine breite Debatte über die Professionalität des Lehrerberufs ist überfällig!

In Skandinavien und auch in der Schweiz wird diese Debatte schon seit einigen Jahren intensiv geführt – und zwar nachhaltig gestützt von Lehrerverbänden und -organisationen. Dort hat man erkannt, dass es besonders vom professionellen Selbstverständnis und von der gesellschaftlichen Anerkennung des Lehrerberufs abhängt, ob Lehrer mit ihrem Beruf zufrieden sind, ob sie effektiv arbeiten, ihren Auftrag erfüllen und ob sie im Zirkelschluss wiederum von der Öffentlichkeit geachtet werden und auf ihren Beruf stolz sind. Lehrer, die einen Anspruch an ihr eigenes professionelles Handeln haben und deren Berufsbild anerkannt wird, haben es leichter, ein klareres Selbstbild von ihrer Rolle und ihren Aufgaben im Beruf zu entwickeln und mehr Berufszufriedenheit zu erlangen. Es gelingt ihnen leichter zu zeigen, was sie können. Sie haben weniger Probleme damit, mit anderen über die Stärken und Schwächen ihrer Arbeit zu sprechen und ihre Stärken weiterzuentwickeln. Dies sind auch bedeutsame Voraussetzungen für das Gelingen von Schul- und Unterrichtsentwicklung.

Der zweite Grund für die Skepsis liegt darin, dass – zumindest in Deutschland – die Bedeutung von Schulentwicklung *mit* Schülern für die Professionalisierung der Lehrer noch nicht (genügend) gewürdigt wird. Es wird noch nicht hinreichend erkannt, dass Schulentwicklung *mit* Schülern dazu beitragen kann, dem Lehrerberuf mehr Anerkennung zu verschaffen und ihn professioneller auszuführen.

Was meint überhaupt „professionelles Lehrerhandeln"?

Nach landläufiger Auffassung wird jemand als professionell eingeschätzt, der seine Arbeit geschickt und erfolgreich auf dem Niveau hohen Könnens

Professionalisierung der Lehrkräfte unterstützen 19

und hoher Expertise verrichtet. Für Lehrkräfte gibt es – je nach Sichtweise – eine ganze Reihe von Alltagsvorstellungen über Professionalität.

Alltagsvorstellungen: Professionelle Lehrer sind ...	
Bei Eltern/Schülern	engagiert, streng, schülerorientiert, gerecht, fleißig, fachlich kompetent, freundlich, angesehen ...
Bei Lehrerkollegen	fachlich gebildet (Experte), leistungsorientiert, kollegial, loyal, hilfsbereit, kooperativ, weit gereist, standhaft, kompromissbereit ...
Bei Schulleitern	geschätzt, belastbar, konstruktiv, kooperativ, kollegial, freundlich, bereit zur Übernahme von Aufgaben, organisationsfähig ...
Bei Schulaufsicht	zuverlässig, kompetent, vielseitig, fehlerlos, pflicht- und verantwortungsbewusst, anspruchsvoll, gebildet, einsatzbereit ...
Einzelne Lehrkraft	selbstständig, gebildet, konstant, autonom, wertorientiert, geradlinig, anerkannt, kritisch, gerecht, souverän ...

Die moderne Berufssoziologie bezieht sich aber nicht auf solche Eigenschaften, wenn sie von Professionalität spricht. Sie hat ein anderes Verständnis und meint mit Professionalität, dass sich bei der Differenzierung gesellschaftlicher Systeme bestimmte Berufsgruppen herausbilden, die für die Gesellschaft sehr anspruchsvolle und oft auch problembesetzte Aufgaben übernehmen (vgl. COMBE/HELSPER 1996). Damit eine Berufsgruppe (Profession) ihre schwierigen Aufgaben wahrnehmen kann, bekommt oder verlangt sie auch bestimmte Rechte und Rahmenbedingungen für ihre Arbeit.

Einem Beruf mit hohen Anforderungen an Professionalität wird mit Respekt begegnet. Wer so einen Beruf ausübt, hat Vorteile gegenüber anderen Berufsgruppen, denen keine Professionalität zugeschrieben oder eingeräumt wird.

Ob der Lehrerberuf als Profession anerkannt ist und ob die Arbeit der Lehrer als professionelles Handeln verstanden beziehungsweise wahrgenommen wird, ist also keine rein akademische Frage. Es wäre für die Lehrer von höchstem Interesse für ihre Arbeitszufriedenheit, ihren Erfolg und ihre Anerkennung, wenn ihr Beruf als Profession angesehen würde und sie ihr professionelles Handeln absichern und belegen könnten.

Darüber, dass es sich beim Lehrerberuf um eine anspruchsvolle und oft auch problembesetzte Aufgabe handelt, die professionelles Handeln erfordert, besteht Konsens: in der Forschung, bei Politikern, Schülern und Eltern. Es wird anerkannt, dass Lehrkräfte ständig auf komplexe, anspruchsvolle und dabei „schwach strukturierte, wechselnde (‚fluktuierende') Problemlagen" (BAUER 1992, S. 326) reagieren müssen und dass sie dazu nur selten auf fertige Regeln und sichere Technologien zurückgreifen können. Anerkannt wird auch, dass Lehrkräfte immer wieder adäquate Handlungsformen neu finden müssen, um Situationen zu bewältigen, die ihrem Kern nach gekennzeichnet sind durch Diffusität, Komplexität, Vernetztheit, Zielkonflikte, Unkontrollierbarkeit und Eigendynamik (HEINER 1988, S. 14 f.).

Inwiefern allerdings diese anspruchsvollen und schwierigen Aufgaben des Lehrerberufs auch tatsächlich „professionell" bewältigt werden, darüber bestehen höchst unterschiedliche Auffassungen – und zwar nicht nur an den Stammtischen, in Politiker-Zirkeln und bei Talk-Runden. Gerade auch Lehrkräfte fragen sich immer wieder, welche Messlatte für Professionalität gilt, ob das, was sie täglich leisten, professionellen Ansprüchen genügt und ob sie unter den gegebenen Rahmenbedingungen und Voraussetzungen überhaupt professionell handeln können. Die Kernfrage ist: Woran kann man aber überhaupt erkennen, ob und wie Lehrer in ihrem anspruchsvollen Aufgabenfeld auch professionell handeln?

Wertet man die Debatten in Skandinavien aus und greift die Erkenntnisse der Berufssoziologie auf, kristallisieren sich einige wichtige Kriterien für professionelles Lehrerhandeln heraus.

Sechs wichtige Kriterien für professionelles Lehrerhandeln

1. Über spezielles Berufswissen verfügen

Zum Beispiel Wissen darum, wie Lernprozesse bei Kindern und Jugendlichen verlaufen, wie Schüler, Schülergruppen und Klassen Lehr- und Lernmaterial anwenden (können), wie pädagogische Fragen formuliert werden, wie Kinder und Jugendliche zum Lernen herausgefordert werden können, wie Unterrichtsstoff wirkungsvoll jungen Schülerinnen und Schülern vermittelt werden kann, wie in der Klasse Zusammenarbeit, Regeln, Strukturen und Normen entwickelt und gestützt werden können.

2. Spezielle berufsspezifische Fähigkeiten beherrschen

Zum Beispiel die Abfolge beherrschen von: Diagnose/Fallverstehen → Entscheidungen treffen → Handeln → Überprüfen (vgl. BAUER 1992, S. 328): zunächst die aktuelle Situation richtig verstehen und erkennen, was die zentralen Situationsmerkmale sind. Diese Situationsanalyse beziehungsweise Diagnose als Grundlage nutzen für die Entscheidung über die notwendigen Handlungsformen. Schließlich im Anschluss an die Handlung prüfen, inwieweit sich die eingeschlagene Strategie bewähren konnte.

3. Sich auch in Eigeninitiative fortbilden

Es als Selbstverpflichtung und Selbstverständlichkeit ansehen, regelmäßig und aktiv an Fort- und Weiterbildung im eigenen Beruf teilzunehmen und einen positiven Druck auf Kollegen auszuüben, an gemeinsamen Fortbildungs- und Entwicklungsmaßnahmen teilzunehmen.

4. Sich aktiv für Einhaltung von Berufsnormen und ethischen Verhaltensregeln einsetzen

Von außen betrachtet erscheint es selbstverständlich, dass eine so bedeutungsvolle Tätigkeit wie die der Lehrer auf der Grundlage von verpflichtenden Standesregeln oder einer Berufsethik erfolgen sollte und dass Lehrer sich selbst für die Einhaltung dieser Regeln aktiv einsetzen sollten. Dies ist hier selten der Fall. So werden ethische Grundsätze formuliert als Lehrerleitbild (zum Beispiel DSL 1999) oder als Charta oder Schulordnung einer Schule, die Lehrer und Schüler bindet.

5. Gut ausgebildet sein und sich an wissenschaftliche Standards halten

Das ist nicht nur Sache eines Fach-Abschlusses, sondern professionelles Lehrerhandeln besteht insbesondere auch darin, Kenntnisse und Fähigkeiten weiter zu pflegen und zu entwickeln. Zur Professionalität gehört es unbedingt, auch nach Erlangen der Qualifikation immer wieder sicherzustellen, dass die Berufsanforderungen und Standards erfüllt werden.

6. Selbstständig arbeiten können und abgesichert sein

Der Lehrerberuf ist gekennzeichnet durch hohe relative Autonomie bei der Ausübung der Tätigkeit. Meistens mischen sich weder Kollegen noch Schulleitung direkt in den Unterricht ein. Es gehört unbedingt zur Professionalität des Lehrerberufs, mit dieser Autonomie verantwortungsvoll umzugehen, sie nicht auszunutzen und sich beruflich nicht zu isolieren.

> **Beispiel: Lehrerleitbild des Dachverbandes Schweizer Lehrer (DSL 1999)**
>
> 1. Lehrpersonen gestalten gemeinsam mit allen an Bildung und Erziehung Beteiligten eine pädagogische Schule.
> 2. Lehrpersonen sind Fachleute für das Lernen.
> 3. Lehrpersonen verfügen über personale Stärken für die Ausübung ihres Berufs und für ihre berufliche Weiterentwicklung.
> 4. Lehrpersonen arbeiten an einer geleiteten Schule mit eigenem Profil. Sie orientieren sich als Team am Schulauftrag und übernehmen die Verantwortung für die situationsgerechte Übersetzung des Rahmenlehrplans und für die Lernorganisation vor Ort.
> 5. Lehrpersonen verstehen ihre unterschiedlichen Fähigkeiten und Interessen als Ressource und Bereicherung. Sie entwickeln Perspektiven für ihren Arbeitsplatz und ihre berufliche Laufbahn.
> 6. Lehrpersonen leisten ihre Arbeit im Rahmen eines Berufsauftrags und der Standesregeln. Sie stehen in einem Anstellungsverhältnis, welches der Selbstverantwortung und der anspruchsvollen, vielschichtigen Aufgabe Rechnung trägt.
> 7. Für Lehrpersonen sind Selbst- und Fremdbeurteilung ihrer Arbeit Bestandteil des Berufes. Sie nutzen vielfältige Beratungs- und Beurteilungsformen zur persönlichen Weiterentwicklung und zur Weiterentwicklung der Schule.
> 8. Lehrpersonen aller Stufen verfügen über eine Allgemeinbildung mit Maturitätsniveau. Die Berufsausbildung weist Hochschulniveau auf und ist gleichwertig für alle.
> 9. Lehrpersonen haben das Recht und die Pflicht, sich während der ganzen Dauer ihrer Berufsausübung im berufsspezifischen und im allgemein bildenden Bereich weiterzubilden.
> 10. Lehrpersonen gestalten und bestimmen die Entwicklung des Schulwesens aktiv mit als betroffene Unterrichtende, als Schulfachleute und als Bürgerinnen und Bürger

Was bedeutet Schulentwicklung *mit* Schülern für professionelles Lehrerhandeln?

Professionelles Handeln im Lehrerberuf und die Anerkennung des Lehrerberufes kommen nicht von selbst und bleiben auch nicht von selbst einfach bestehen. Man muss sie – als einzelne Lehrkraft und als Lehrergruppe – gezielt entwickeln und systematisch pflegen. Das geht am besten auf drei Wegen:

- *Selbstvergewisserung*: systematische Analyse und Diagnose der Arbeit und gezielte Überprüfung der Angemessenheit und Wirkungen von Handlungsstrategien,
- *Systematisches Planen:* auf der Grundlage gesicherten Wissens Entscheidungen treffen, Ziele und Voraussetzungen klären,
- *Rechenschaft*: die Ergebnisse der eigenen Arbeit überprüfen und darstellen.

Oder anders formuliert: Professionelles Lehrerhandeln erfordert den „lernenden Lehrer" (GRASS 1999), der die eigene Arbeit reflektiert, gezielt Handlungsstrategien erarbeitet und seine Arbeit durch Rückkopplungsprozesse absichert und weiterentwickelt. Die Rückmeldung der Schüler und der systematische Dialog mit ihnen sind dabei entscheidende Voraussetzungen und eine große Hilfe: Lernende Lehrer brauchen starke Schüler! Schulentwicklung *mit* Schülern hilft Lehrern beim Bemühen um professionelles Handeln, sie ist notwendig, um die Einsichten und Kenntnisse von Lehrern kontinuierlich weiterzuentwickeln und neu zu verorten. Die Rückmeldung und der Dialog bei Schulentwicklung *mit* Schülern bieten für die Professionalisierung der Lehrkräfte viele Gelegenheiten und Chancen, so etwa

- das eigene Berufswissen zu erweitern und zu prüfen (zum Beispiel über Lernprozesse bei Jugendlichen) – und es den Schülern auch zu präsentieren (zum Beispiel bei gemeinsamer Planung von Unterricht),
- berufsspezifische Fähigkeiten besser zu beherrschen beziehungsweise zu verändern (zum Beispiel durch Diagnose der Unterrichtsarbeit, Auseinandersetzung mit Ergebnissen),
- sich über die eigene Arbeit zu vergewissern und Fortbildungsbedarf und -möglichkeiten zu eruieren (zum Beispiel bei neuen Themenbereichen),
- Berufsnormen und ethische Verhaltensregeln umzusetzen beziehungsweise bewusst zu machen,
- sich zu vergewissern, ob Standards erkannt oder eingehalten werden,
- sich von falsch verstandener Autonomie zu entledigen und das Potenzial von Schülern als Mitarbeiter zu nutzen.

Richtig eingesetzt, unterstützt Schulentwicklung *mit* Schülern einerseits die Professionalisierung der Lehrer und sorgt gleichzeitig dafür, dass aus Schülern reflektierende Praktiker und Spezialisten für (ihr eigenes) Lernen werden.

Was heißt „lernender Lehrer" in der Praxis?

Eigenartigerweise ruft der Begriff „lernender Lehrer" häufig zuerst Skepsis und zum Teil auch Angst davor, weil häufig assoziiert wird, *alles* werde in Frage gestellt und müsse *sofort* verändert werden, die Lehrerrolle und -persönlichkeit müsse sich *total* ändern. Dem ist nicht so. Man kann mit ersten Schritten beginnen, um zunächst Erfahrungen zu sammeln: mit dem eigenen Lernen, mit den Reaktionen von Klassen und der Bereitschaft der Schülerinnen und Schüler zum Dialog. AsKEW und LODGE (2000, S. 4) unterscheiden drei idealtypische Stufen, wie man den Dialog mit Schülern schrittweise weiterentwickeln und allmählich in die Schul- und Unterrichtskultur integrieren kann.

Drei-Stufen-Modell:

- **Stufe I: den Dialog nutzen, um zusätzliches Wissen für seine Arbeitsplanung zu bekommen**
  Lehrkräfte können den Dialog mit Schülern dafür nutzen, Hilfen und Hinweise für das eigene Handeln zu bekommen. Die mit einer Klasse erreichten Leistungen und Ergebnisse werden von den Schülern bewertet. Rückmeldungen dazu werden von der Lehrkraft als normal angesehen, der Dialog mit Schülern über soziale oder emotionale Aspekte wird dagegen als etwas Besonderes betrachtet, das nur geschehen kann, wenn eine gute (auch fachliche) Vertrauensbasis in der Klasse gegeben ist. Rückmeldungen von Schülern sind hier eine zusätzliche Basis, die von der Lehrkraft bei der Unterrichtsplanung und -entwicklung berücksichtigt werden kann.

> Der lernende Lehrer lernt für sich, er überlegt für sich Alternativen und neue Ansätze. Die Ergebnisse seiner Reflexion werden für die Klasse oder die Kollegen erst sichtbar, wenn er sie von sich aus benennt.

Professionalisierung der Lehrkräfte unterstützen 25

- **Stufe II: den Dialog weiterführen zu einer Diskussion mit der Klasse**
Der Dialog mit Schülern bedeutet für eine Lehrkraft hier, mit den mitgestaltenden Schülern den Unterricht zu beschreiben und darüber zu diskutieren, was im Unterricht passiert. Rückmeldungen sind hier eine Basis für den Austausch zwischen Lehrkraft und Klasse. Gemeinsam werden die Situation und Erreichtes analysiert und Konsequenzen beraten. Dabei sollen gemeinsam, auch durch offene Fragen, neue Erfahrungen gewonnen und Anstöße gegeben werden.

> Der lernende Lehrer lernt von der Klasse und spricht unter Umständen Alternativen und neue Ansätze an. Über Veränderungen oder neue Herangehensweisen entscheidet er nach dem Diskussionsprozess, eventuell im Austausch mit Kollegen.

- **Stufe III: im Dialog Lernprozesse reflektieren und kooperativ Arbeit planen**
Lehrkräfte reflektieren mit den Schülern den Lernprozess und gestalten ihn in einem kooperativen Dialog. Sie achten dabei auf die kognitive, emotionale und soziale Dimension des Lernens und sehen die Reflexion über Lernen als selbstverständlichen Teil des Unterrichts an. Schülerrückmeldungen bedeuten nach diesem Lernverständnis für die Lehrkraft einen wechselseitigen Diskurs, bei dem alle Beteiligten lernen sollen und wollen. Konsequenzen werden gemeinsam beraten und zwischen Lehrkraft und Schülern vereinbart.

> Der lernende Lehrer ist einer der Mitwirkenden und gibt Impulse für den gemeinsamen Lernprozess. Veränderungen beziehungsweise Neuerungen führt er im Dialog mit den Beteiligten ein.

Es ist legitim und auch sinnvoll, nicht immer gleich mit der dritten Stufe zu beginnen. Besonders dann, wenn man mit Schülerrückmeldungen und mit Schulentwicklung *mit* Schülern erst beginnt, ist es wichtig, die bisherige eigene Arbeit und Lehrerrolle noch ein Stück stabil zu halten und Neuorientierungen und Veränderungen langsam vorzunehmen. Lernende Lehrer prüfen immer auch, was sie von ihrer Arbeit, ihren Verfahren beibehalten können, was sich als sinnvoll erwiesen hat. Sie setzen sich auch dafür ein, Bewährtes weiterzuentwickeln und abzusichern.

Langfristig macht es jedoch Sinn, die dritte Stufe anzustreben. Damit kann Schulentwicklung *mit* Schülern und Schülerrückmeldung am besten für Professionalisierung und für die Weiterentwicklung der Arbeit und Arbeitskultur im Unterricht genutzt werden.

Argument 2: Durch Schulentwicklung die Kraft, das Wissen und die Erfahrungen der Schüler nutzen

Schulentwicklung *mit* Schülern ist für Lehrkräfte eine der besten Möglichkeiten, die Kraft, das Wissen, die Erfahrungen und die Sichtweisen der Schülerinnen und Schüler zu nutzen. Lehrkräfte, die wissen wollen, wie Lern- und Arbeitsprozesse in der Schule ablaufen und zusammenspielen, und die sich dafür interessieren, ob und wie die Ziele erreicht werden, lösen bei den Schülern wichtige Entwicklungsanstöße aus und nutzen systematisch Wissen, das oft lange brachliegt und nicht wertgeschätzt wird. Allein schon aus diesem Grunde hätte Schulentwicklung *mit* Schülern seine Berechtigung. Schülerinnen und Schüler erleben jedes Jahr rund 1250 Unterrichtsstunden bei verschiedenen Lehrkräften, sie sehen aus nächster Nähe, wie Unterricht bei anderen Schülern ankommt und sie können aus eigener Erfahrung darüber berichten, wie, wann und bei wem Lernen (nicht) funktioniert. Nutzbar werden dieses Wissen, die Erfahrungen und die Sichtweisen der Schüler aber erst richtig, wenn die Schüler gelernt haben, den Unterricht gut zu beobachten, Eindrücke zu verarbeiten, sich einen Standpunkt zu bilden und Informationen, Rückmeldungen, Anregungen und Hinweise zu geben – wenn auch sie reflektierende Praktiker sind. Dann sind die Rückmeldungen starker Schüler eine unverzichtbare Grundlage für die Arbeit lernender Lehrer und die Lehrerentwicklung.

Ausdrücklich besteht der Nutzen der Schülerperspektive nicht nur darin, dass Lehrer Informationen erhalten, an die sie sonst nicht kommen würden. Nützlich für die Lehrer sind besonders auch die Fragen der Schüler, ihre Erkundigungen und Unterrichtsbeiträge und -ergebnisse. Durch ihre Fragen, Beiträge und Erkundigungen tragen Schülerinnen und Schüler dazu bei,
- die Arbeit in der Schule transparenter zu machen,
- bisher unbekannte Aspekte zu entdecken neue Lösungswege zu finden,
- neue Sichtweisen zu finden und Standpunkte zu hinterfragen,
- sich über die Arbeit immer wieder zu vergewissern und die eigene Position zu bestätigen.

> **Vom Nutzen der Schülerperspektive ...**
> „Die Schulkonferenz sollte bei schulscharfen Ausschreibungen für eine Lehrerstelle mitentscheiden, welcher Bewerber genommen wird. ... Wir haben das jetzt dreimal mit unserem Direktor gemacht. Und einmal, da haben wir durch eine Frage, die ein Schüler gestellt hat, eigentlich ein großes Unglück abgewandt! Da haben wir genau die Fragen gestellt, die es auf den Punkt gebracht haben. Da wären die Lehrer vielleicht nicht drauf gekommen. ... Da kam mal von uns eine ganz menschliche Frage, und dann war klar: Der ist nichts für uns! ...."
> (Schülersprecher im Rahmen eines Workshops.
> In: EIKENBUSCH/OLSCHEWSKI 2002, S.15)

Lehrkräfte, Lehrergruppen oder Schulen, die Rückmeldungen, die Fragen und die Erkundigungen der Schüler nicht nutzen und sich ihrer nicht gezielt vergewissern, lassen ein großes Potenzial brachliegen. Zugespitzt könnte man es mit der Mutwilligkeit vergleichen, auf Vorsorge-Untersuchungen zu verzichten oder mit verbundenen Augen Auto zu fahren. Natürlich kann das auch gut gehen ...

Will man sich aber nicht auf ein solches Risiko einlassen, sondern die Chancen von Schulentwicklung positiv nutzen, ist es für Lehrkräfte und Schule wichtig, sich über die eigene Arbeit und die Arbeitskultur in der Schule einen guten Überblick zu verschaffen, diese zu untersuchen, zu bewerten und zu verbessern. Dazu muss man den Schülerinnen und Schülern Kenntnisse und Haltungen zu vermitteln, damit sie zu reflektierenden Praktikern in der Schule – also zu Mitarbeitern – werden können.

Argument 3: Erfolgreiche Lernprozesse unterstützen, Lehrkräfte entlasten und motivieren

Schülerinnen und Schüler gestalten – faktisch – immer die Lernprozesse in der Schule mit. Sie sind Mit-Konstrukteure von Unterricht. Erfolgreiches Lernen setzt immer die aktive Auseinandersetzung mit Unterrichtsinhalten und Fragestellungen voraus. Akzeptiert man dies als Basis erfolgreichen Unterrichtens, wird deutlich, dass Lernen nicht mehr als Abfolge von Vermittlung durch den Lehrer und Lernen durch den Schüler gesehen werden kann. Schüler müssen die Lernumgebung, -strukturen und -ergebnisse mitkonstituieren und dafür mitverantwortlich sein. Damit ergibt sich auch die Not-

wendigkeit, sich über die geteilte Verantwortung für den Unterricht zu verständigen (vgl. ASKEW/LODGE 2000, S. 13).
Im besten Falle gelingt es durch diesen Dialog zu klären,
- wie was mit welchen Wirkungen in unterschiedlichen Kontexten gelernt wurde,
- welche Lernstrategien und -strukturen sich als günstig und wirkungsvoll erwiesen haben,
- welche nächsten Lernschritte unternommen werden sollten,
- wie man andere in die Lernprozesse einbeziehen kann. (WATKINS u. a., 1996)

Schülerinnen und Schüler müssen in die Lage versetzt werden, sich an diesem Dialog zu beteiligen. Gelingt dies, sind sie eine wertvolle Unterstützung für den Lehrer und tragen zur Schulentwicklung in der Klasse bei. Schüler brauchen für den erfolgreichen Dialog eine Sprache, mit der sie beschreiben und bezeichnen können, was im Unterricht geschieht (Arbeitsformen und Methodenelemente benennen, Einsatzmöglichkeiten kennen, Beschreibung des Unterrichtsverlaufs). Notwendig sind weiterhin einfache Techniken, die eigene Arbeit zu beobachten und anderen Rückmeldungen darüber zu geben, sowie Verfahren, die erreichten Lernergebnisse einschätzen zu können. Und schließlich sollten mit Schülerinnen und Schülern Normen erarbeitet werden, wie Rückmeldung und Kritik als förderliche Elemente für die Unterrichtsgestaltung und die Schulentwicklung eingesetzt werden können.

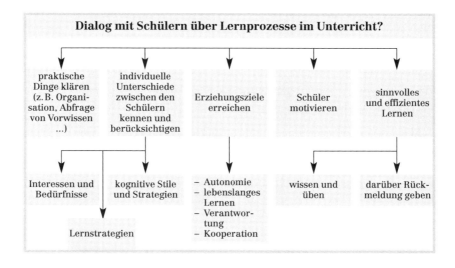

Wenn diese beispielsweise den folgenden Fragebogen anwenden und in der Klasse auswerten, können sie selbst wichtige Erkenntnisse über ihr Lernen gewinnen, gleichzeitig geben sie dem Lehrer wichtige Informationen für die weitere Arbeit.

Ich als Lernender im ...unterricht ...
Vervollständige bitte die folgenden Sätze:
Ich lerne langsam, wenn ...
Ich lerne schnell, wenn ...
Mir fällt Lernen im ...unterricht leicht, wenn ...
In Gruppen lerne ich ...
Aus den Büchern lerne ich ...
Ich lerne gut von/durch ...

Argument 4: Stabile Grundlagen für eine gute Arbeitskultur schaffen

Die Leistungen und die Zufriedenheit von Schülern und Lehrern in der Schule hängen in einem hohen Maße von der Arbeitskultur ab. Eine gute Arbeitskultur wird durch vielen Faktoren beeinflusst. Vermutlich am augenfälligsten sind die von außen verursachten und auch nur durch Eingriffe von außen veränderbaren Rahmenbedingungen. Die Gründe für die Qualität der Lehr- und Lernprozesse und der erreichten Ergebnisse werden deshalb vielfach als überwiegend fremdgesteuert oder als unbeeinflussbar angesehen („Wenn nur die Ausstattung besser wäre ... wenn wir bessere Schüler hätten ... wenn wir einen anderen Schulleiter hätten ..."). Bei dieser Haltung stehen zu bleiben, hätte zur Folge, deutlich zu unterschätzen, welche Wirkungen das eigene Handeln haben könnte.

Gute Arbeitskultur entsteht nicht aus Zufall oder aus sich selbst heraus, sondern sie ist das Ergebnis durchdachter Planung, gezielten Vorgehens und sorgfältiger Auswertung von Erfahrungen. Von guter Arbeitskultur kann die Rede sein, wenn alle Beteiligten – Schüler, Lehrer, Schulleitung – ihren Anteil sehen und daran mitwirken. Alle müssen sie als etwas auffassen, für das man gemeinsam sorgen und das man pflegen muss.

Ob man als einzelne Lehrkraft oder als Schule Erfolg bei der Gestaltung von Arbeitskultur hat, hängt insbesondere davon ab, inwieweit man die selbst beeinflussbaren Faktoren einer guten Arbeitskultur im Blick hat. Der Dialog mit Schülerinnen und Schülern bietet hier eine Fülle viel versprechender Ansatzpunkte für das eigene Handeln.

So kann man beispielsweise den Lernrhythmus der Schülerinnen und Schüler zum Gegenstand von Schülerrückmeldungen machen, indem man diese zuerst für die Bedeutung und die Möglichkeiten der Gestaltung des Lernrhythmus sensibilisiert und sie dann nach Erfahrungen, Wirkungen und Hinweisen befragt und die eigenen Erkenntnisse in Beziehung zu den Erfahrungen anderer Kollegen setzt.

Andere wichtige Themen können Lernstandserhebungen und Lernbedarfsdiagnosen sein. Was geschieht bei den Schülern eigentlich genau, wenn zu Beginn jeder Englischstunde eine Vokabelabfrage erfolgt? Wirkt sich das wirklich so nachhaltig positiv auf den Lernerfolg aus, wie viele Lehrer (und auch Eltern!) immer noch vermuten? Wie lernen Schüler *wirklich* Vokabeln?

Argument 5: Ein zentrales Element für eine demokratische Schule

Schule hat die Aufgabe, den Schülerinnen und Schülern demokratische Normen und Werte zu vermitteln und bei ihnen zu verankern. Dies kann sie dadurch leisten, dass Schülern Möglichkeiten und Anleitung für Gestaltung, Partizipation und Mitbestimmung aufgezeigt werden, Schüler die Gelegenheit erhalten, ihre Rechte und Pflichten kennen zu lernen und wahrzunehmen und Schüler lernen, Initiative zu übernehmen, selbstständig zu arbeiten und Probleme zu lösen.

Dass Schulentwicklung *mit* Schülern ein zentrales Element für eine demokratische Schule ist, lässt sich unterrichtstheoretisch und didaktisch begründen. So können beispielsweise soziales Lernen, Selbstbestimmung, Mitbestimmung und Solidarität als Kern allgemeiner Bildung (KLAFKI 1985) gelten. Und wie KLINGBERG zeigt, ist der Dialog von Lehrenden und Lernenden eine wesentliche Grundlage für die Entwicklung einer spezifischen didaktischen Kompetenz bei Schülern. „Didaktische Kompetenz der Lernenden heißt: Lernende als mitgestaltende, mitverantwortende und mitentscheidende Akteure in das Unterrichtskonzept einzubeziehen, ihre Subjektposition in allen Funktionen des Unterrichts in Ansatz zu bringen und zu

Ein zentrales Element für eine demokratische Schule 31

respektieren: bei der Planung, (...) bei der Unterrichtsgestaltung selbst und bei der kritischen Begleitung und Reflexion didaktischer Prozesse. Der dialogische Charakter des Unterrichts schließt auch das Gespräch von Lehrenden *und* Lernenden über Inhalte, Methoden, Organisationsformen und Resultate des Unterrichts ein." (KLINGBERG 1987, S. 60) Natürlich heben didaktische Kompetenz und Selbsttätigkeit der Schüler dabei den Auftrag des Lehrers zu pädagogischer Führung im Unterricht nicht auf, sondern sie stellen ihn in ein Spannungsverhältnis, das der Lehrer lösen muss: „Das Problem ist, dass der Lehrer die Schüler zu Objekten seiner Unterrichtsgestaltung macht und damit nur Erfolg haben kann, wenn sie gleichzeitig eine Subjektposition einnehmen." (MEYER/JESSEN 2000, S. 728)

In einer demokratischen Schule steht das eigenständige Lernen der Schüler im Vordergrund. In ihr lernen Kinder und Jugendliche durch aktives Handeln und durch Reflexion dieses Handelns. Die Hauptaufgabe der Lehrkräfte in einer solchen Schule besteht darin, Lernprozesse der Schüler anzuleiten und Schülern so weit wie möglich selbst Verantwortung für ihr Lernen zu geben. So kann sich eine demokratische Arbeitskultur entwickeln, bei der die Beteiligung und Mitwirkung von Schülern selbstverständlich ist.

Die bildungspolitisch derzeit gewollte erweiterte Selbstständigkeit von Schulen betont diese Ansprüche noch weiter: Schüler müssen immer mehr in der Lage sein und das Recht haben, in allen Phasen der Entscheidungsfindung mitzuwirken, zum Beispiel durch die Möglichkeit, Anregungen und Fragen einzubringen, oder durch die Beteiligung an Evaluation und Qualitätssicherung. In solchen Prozessen sind Lehrer und Schule Vorbild für demokratisches Lernen. Schüler können Demokratie nur lernen und leben, wenn ihr Handeln Konsequenzen hat. Sie müssen etwas beeinflussen können, sie müssen aber auch Verantwortung für ihr Handeln tragen. Nimmt man ihnen Einfluss und Verantwortung, wird Demokratie zur formalen Übung.

Diese Vorbildfunktion von Schulentwicklung in einer demokratischen Schule ist in Deutschland bislang noch zu wenig thematisiert worden (vgl. Hamburg macht Schule 2000) – vorwiegend hinsichtlich der Möglichkeiten und Grenzen der Lehrerbeurteilung durch Schüler oder unter dem Aspekt der Mitwirkung von Schülern an Projekten. Inhaltliche oder konzeptionelle Impulse zur Demokratisierung von Schule durch Schulentwicklung *mit* Schülern erfolgen deshalb vielfach durch Anstöße aus dem Ausland (vgl. EKHOLM 2000). Sie zeigen, dass Lehrer und Schule diese Vorbildfunktion nur erfüllen können, wenn sie Rückmeldungen von Schülern einholen und mit ihnen einen Dialog über Lernen und Arbeit in der Schule führen.

Schulentwicklung *mit* Schülern fördert demokratisches Lernen auf zweierlei Weise: durch die Schulkultur und die internen Arbeitsprozesse (zum Beispiel Partizipation, Dialog, Rechenschaft) sowie durch die vermittelten Inhalte, insbesondere durch das von ihr vermittelte Bild einer guten Schule.

Eine gute Schule:
- nimmt das Lernen ernst und macht es wichtig,
- nutzt so viel wie möglich Zeit für Lernen und Unterricht,
- investiert viel in die Förderung von Selbstständigkeit und Selbstlernen,
- erwartet von ihren Schülern gute Leistungen – und traut sie ihnen zu,
- gibt Schülern regelmäßig und deutlich Rückmeldung und wertet ihrerseits Rückmeldungen systematisch aus,
- organisiert ihre Arbeit übersichtlich und für Schüler überschaubar,
- setzt auf Lösungen und fixiert sich nicht auf Probleme,
- trifft Entscheidungen in der Klasse und auf Schulebene demokratisch,
- formuliert klare Ziele und arbeitet an einer positiven Arbeitskultur,
- hat Lehrkräfte, die kooperieren, ein Gefühl der Zusammengehörigkeit haben, sich praktisch fortbilden und die Schüler zu Leistungen herausfordern und Leistungen fördern,
- wird geleitet von einer anerkannten Schulleitung, die die Mitarbeiter aktiv bei ihrer Unterrichtsarbeit unterstützt,
- bezieht Eltern in die Entwicklungsarbeit mit ein,
- steht mit ihren Schülern im Dialog, überträgt ihnen Verantwortung und gibt ihnen Möglichkeiten der Mitbestimmung. (vgl. EKHOLM/KÄRÄNG 1993)

Schulentwicklung *mit* Schülern gehört unbedingt zu einer guten Schule. Denn dort geht es ja um Fortschritt für Schüler, Lehrer und Gesellschaft, um die Einübung des „aufrechten Gangs" (MEYER 1994, S. 14).

Genug gute Argumente für Schulentwicklung *mit* Schülern …

An einleuchtenden Argumenten und guten Gründen für Schulentwicklung *mit* Schülern fehlt es also nicht. Je nach konkreter Situation, nach Tradition der Schule und nach Einstellung der Beteiligten ist man oft geneigt, sich auf eines der Argumente zu versteifen, weil man es für besonders überzeugend oder wichtig hält. Als Einstieg in eine Diskussion oder zu Beginn eines Entwicklungsprozesses ist das sicher sinnvoll, um Aufmerksamkeit für Schulentwicklung *mit* Schülern zu erhalten. Mit der Zeit jedoch sollten auch die anderen Argumente einbezogen werden, denn sie hängen eng miteinander zusammen und verweisen aufeinander. Denn wie – beispielsweise – könnte man von einer guten Arbeitskultur sprechen, wenn Schüler darin nicht demokratisches Lernen erfahren und üben könnten? Und was wären Unterstützung und Entlastung der Lehrkräfte, die nicht zu professionellerem Handeln führten?

Mindestens fünf gute Argumente für Schulentwicklung mit *Schülern*

Schülerrückmeldung – der Kern von Schulentwicklung im Dialog mit Schülern

Schulentwicklung *mit* Schülern kann man – je nach Ziel, Möglichkeiten und Rahmenbedingungen – auf ganz unterschiedlichen Wegen und mit verschiedenen Ansätzen realisieren. Sie alle haben einen gemeinsamen Kern: die Schülerrückmeldung. Nur wenn Schüler über den Unterricht und ihr Lernen Rückmeldung geben beziehungsweise Rückmeldungen verarbeiten können, gelingen Unterrichts- und Schulentwicklung. Deshalb möchten wir uns auf die Schülerrückmeldung konzentrieren, der in der Unterrichts- und Schulforschung eine sehr große und in Zukunft noch wachsende Bedeutung (HELMKE 2003, S. 159) vorausgesagt wird. Die folgenden Hinweise und Umsetzungshilfen sollen zeigen, wie Schülerrückmeldungen mit Erfolg durchgeführt werden können.

Rückblick: Reformen und Ressentiments

Schülerrückmeldung – bisweilen wird auch der Begriff Schülerfeedback verwandt – ist in Deutschland keine neue Sache in der Schulentwicklung. Schon in reformpädagogischen Ansätzen in den zwanziger und dreißiger Jahren des letzten Jahrhunderts wurde dieses Verfahren diskutiert, zu Beginn der siebziger Jahre wurde es in Bildungs- und Schulreformkonzepten wieder aufgegriffen (vgl. EIKENBUSCH 1998, S. 22 f.) und zum Teil in die Praxis umgesetzt.

Als Ende der achtziger Jahre des letzten Jahrhunderts allmählich Schulentwicklung der ganzen Schule zum Thema wurde, standen bei den damals aktuellen Modellen zur Oganisationsentwicklung die Kollegien als Motor der Schulentwicklung, wie es häufig formuliert wurde, im Vordergrund. Schüler spielten zunächst eher Nebenrollen: Sie waren Adressaten, für die eine gute Schule gemacht wurde, oder sie waren „Kunden", die von Lehrern oder

Rückblick: Reformen und Ressentiments 35

Schulleitungen über ihre Zufriedenheit, Wünsche und Erwartungen befragt wurden, um daraus Schlüsse für deren Weiterarbeit zu ziehen. Dass Ende der neunziger Jahre dann die Idee der Schulentwicklung *mit* Schülern und damit auch die Frage nach der richtigen und wirkungsvollen Form eines Dialogs mit ihnen stärker in den Blickpunkt rückte, hatte mehrere Gründe:

- Die häufig genutzte Form der Einbindung von Schülern über Befragungen mit Schülerfragebögen hatte nur beschränkte Effekte gezeigt – insbesondere dann, wenn relativ allgemein nach der Einschätzung des Schulklimas und der Zufriedenheit mit der Schule gefragt wurde.
- Bei Versuchen einzelner Lehrer mit Schülerfeedbacks (zum Beispiel in Form von Lehrerzeugnissen durch Schüler, vgl. Wolf 1995) zeigte sich, dass diese dauerhaft nur erfolgreich sein konnten, wenn sie in die Arbeit der Schule eingebunden und vom Lehrerkollegium akzeptiert wurden.
- Die Mitwirkung von Schülern wurde immer mehr als grundsätzlicher und unabdingbarer Bestandteil von Schulprogrammarbeit angesehen. Dem entsprachen Versuche, Schüler in Steuergruppen einzubeziehen beziehungsweise ihre Schülervertreter in speziellen Fortbildungsveranstaltungen auf die Mitwirkung bei Schulentwicklung vorzubereiten. Schülervertreter auf Landes- und Bundesebene sahen die Notwendigkeit und auch die Chancen, sich aktiv in die Schulentwicklungsarbeit einzumischen.

Inzwischen werden Schülerrückmeldungen/Schülerfeedbacks in Projekten systematisch untersucht beziehungsweise erprobt (Müller 1996, Bürgerstiftung 1999, IFS 1999, Hamburger Schülerkammer 2000, Sächsisches Staatsministerium für Kultus 2001, Helmke/Hosenfeld 2002, Projektgruppe Schülerfeedback 2002) und zumindest von der Unterrichts- und Schulforschung als Grundform für den Dialog mit Schülerinnen und Schülern bei Schulentwicklung anerkannt: „Eine direkte Ermittlung der schülerspezifischen Wahrnehmungen von Lehrkraft und Unterricht wird durch Befragungen der Schüler möglich. Untersuchungsgegenstand ist damit explizit die Perspektive der Betroffenen. Dass damit ein wesentlicher Aspekt des Unterrichts ermittelt wird, ist kaum zu bestreiten. (...) Für eine Befragung von Schülern spricht u.a. ihre Langzeiterfahrung mit Schule, Unterricht und Lehrkräften. Schüler kennen Lehrkräfte sowohl im Vergleich mehrerer Fächer als auch im Vergleich über die Schulzeit hinweg." (Ditton 2002, S. 263 f.) Allerdings muss gelten, dass bei Lehrkräften und zum Teil auch bei Schülerinnen und Schülern Schülerrückmeldungen nach wie vor auf Skepsis und auch auf Ablehnung (Bastian/Combe 2001) stoßen.

Grundlagen: Schülerrückmeldung als Lern-Dialog

Dass Schülerrückmeldungen/-feedback inzwischen als elementarer Bestandteil von Schul- und Unterrichtsentwicklung anerkannt werden, bedeutet keineswegs, dass bereits Klarheit darüber bestünde, womit genau man es hier zu tun hat.

- Unter Schülerrückmeldung kann potenziell jede Äußerung verstanden werden, die eine Lehrkraft bei einem Schüler wahrnimmt und auf sich bezieht. Insofern kann alles, was ein Schüler tut, eine Schülerrückmeldung sein – ob es nun ein Schnäuzen, ein Zwischenruf, die Beantwortung eines Fragebogens zum Unterrichtsklima, ein gelangweiltes Blicken oder eine gute Leistung ist. Und andererseits kann aber auch alles, was die Lehrkraft nicht wahrnimmt oder ausblendet, zur Nicht-Schülerrückmeldung erklärt werden.
- Die andere Extremposition besteht darin, nur das als Schülerrückmeldung zu verstehen, was ausdrücklich als solche formuliert und auch vorgetragen wird. Ein Tafelanschrieb wie „Herr XY ist ein Super-Lehrer" ist demnach erst als Schülerrückmeldung anzusehen, wenn der Schüler den Anschrieb ernst gemeint hat und wollte, dass der Lehrer ihn liest.

Die fehlende Klärung des Begriffes „Schülerrückmeldung" ist nicht nur ein theoretisches Problem. In der Praxis verursacht sie Störungen in der Klasse und hohe Belastungssituationen für den einzelnen Lehrer. Alles als Feedback anzusehen, was eine Rückmeldung sein könnte, erweist sich als lähmend und verunsichernd (für Lehrer *und* Schüler!). Nur das als Feedback anzusehen, was ausdrücklich als solches formuliert ist, führt zu Isolation und Versteinerung. Was ist denn nun genau unter Feedback zu verstehen?

Die in der Übersicht auf Seite 37 dargestellten Verhaltensweisen und Reaktionen sind alle wichtig und sie haben wahrscheinlich alle (zum Teil heftige) Auswirkungen auf die Schüler-Lehrer-Beziehung und auf den Unterricht. Sie alle können als Botschaften gemeint sein oder auch nur empfunden werden – aber sie erfüllen damit noch lange nicht die Kriterien von Feedback-Äußerungen beziehungsweise Schülerrückmeldungen.

Grundlagen: Schülerrückmeldung als Lern-Dialog

Ergebnis eines Schülerfragebogens: Herr X informiert uns regelmäßig über kommende Unterrichtsinhalte.				
selten	hin u. wieder	manchmal	ziemlich oft	fast immer
2	3	2	10	8

Schüler-rückmeldung/ Schülerfeedback

- Der Lehrer stellt eine Aufgabe. Ein Schüler schaut zur Decke, dreht Däumchen.

- Die Klasse erhält eine Arbeitsaufgabe. Ein Schüler klatscht in die Hände: „Ist ja easy!"

- Klassenarbeit. Die Hälfte der Schüler schafft die schwerste Aufgabe.

- Regelmäßig beschweren sich Schüler bei der SV-Lehrerin über Frau Y.: „Die ist immer ironisch!"

- Unruhe in der Klasse. Die Lehrerin bittet alle Kinder, anonym auf einen Zettel zu schreiben, was denn falsch läuft.

- Lehrergeburtstag. Die Schüler stellen einen Blumenstrauß aufs Pult.

- Kurswahlen in der gymnasialen Oberstufe. Mal wieder wählt niemand den Italienisch-Kurs bei Herrn X.

- Auf der Klassenfahrt: Abends erzählt ein Schüler der Lehrerin ‚die ganze Wahrheit' über ihren Unterricht.

- Herr X. kommt jede Stunde mindestens 10 Min. zu spät zum Unterricht. Die Klasse wartet leise auf ihn. Sie will ihn nicht ‚in die Pfanne hauen'.

Prüfsteine: Schülerrückmeldung/-feedback

> **Was ist Schülerrückmeldung?**
> Unserer Auffassung nach ist Schülerrückmeldung bzw. -feedback ein umfassendes Konzept. Wir verstehen darunter:
> - einen systematischen Lern-Dialog,
> - der gezielt und geplant durchgeführt wird,
> - zwischen Schülern und Lehrkräften
> - über Informationen, Wahrnehmungen, Verhalten, Ergebnisse und Erfahrungen im Unterricht beziehungsweise in der Schule
> - mit dem Ziel, neue Einsichten und Erfahrungen zu erlangen, mit denen man die Arbeit und die Arbeitsbeziehungen gestalten beziehungsweise deren Qualität verbessern kann.

Voraussetzungen: Lernende Lehrer, Auftragsklarheit, Vertrauen in Schüler

Mit dieser Definition werden bei der Schülerrückmeldung durchaus hohe Anforderungen an Lehrkräfte *und* an Schüler gestellt. Denn es geht eben um mehr als bloß darum, die Meinung zu sagen beziehungsweise zu erfragen oder lediglich die eigene Befindlichkeit zum Ausdruck zu bringen.

Die Hauptvoraussetzung – und auch der Beginn – dafür, dass Schulentwicklung *mit* Schülern in Gang kommt und Schülerfeedback wirkungsvoll eingesetzt werden kann, ist der lernende Lehrer:

- Der lernende Lehrer will wissen, was in seinem Unterricht vorgeht, welche Wirkungen er erzielt und wie er seine Arbeit verbessern kann.
- Er erwartet, dass Rückmeldungen der Schüler für seine Arbeit und den Unterricht nützlich sein können.
- Er gestattet auch unvorhergesehene Einsichten und Konsequenzen.
- Er lässt zu, dass vom Schülerfeedback Veränderungsimpulse ausgehen.
- Er ist überzeugt, dass Schüler kompetent etwas zu Lehr- und Lernprozessen sagen können.

Es macht keinen Sinn, einer Lehrkraft eine Schülerrückmeldung zu *verordnen*, die kein Interesse daran hat zu lernen und die nicht offen ist für Veränderungsimpulse von Schülern. In solchen Fällen kann es zu keinem Lern-Dialog kommen: Die Schülerinnen und Schüler würden – günstigstenfalls – der Lehrkraft eine Rückmeldung geben, an der sie selbst nicht interessiert ist und die sie als Konfrontation empfinden wird. Von Schülerfeedback und

-rückmeldungen sprechen zu können, setzt voraus, dass der Lehrer, die Lehrerin diesen Ansatz mitträgt und eine Rückmeldung der Schüler ausdrücklich erwünscht ist.

Im Unterschied dazu ist bei der so genannten Schülerbeurteilung diese Akzeptanz von Seiten des Lehrers nicht zwingend notwendig. Hier können – auch bei Lehrkräften, die einem Lern-Dialog mit Schülerfeedback unter Umständen skeptisch gegenüber stehen – Schüler auf externe Veranlassung oder Beschluss der Schule zum Unterricht eines Lehrers befragt werden (wie beispielsweise in der Schweiz, vgl. etwa Kantonsschule Zug 1999).

Es macht einen erheblichen Unterschied, auf wessen Auftrag und mit welchen sich möglicherweise daraus ergebenden Konsequenzen Schüler zum Unterricht befragt werden. Bei vielen Einwänden gegen Schülerfeedback ist eigentlich die Schülerbeurteilung als „externer" und „verordneter Eingriff" gemeint. Deshalb ist es wichtig, genau zwischen Schülerbeurteilung und Schülerfeedback beziehungsweise -rückmeldung zu unterscheiden und eine Klärung über den Auftrag herbeizuführen.

Wer macht was mit welchem Ziel?		
	Schülerbeurteilung	**Schülerfeedback/ -rückmeldung**
Initiative	extern (Schulleitung/-aufsicht, Schülervertretung, Eltern, Wissenschaft), auch ohne Einverständnis der Lehrkraft	intern (von Lehrkraft beziehungsweise Klasse, immer im Einverständnis mit der Lehrkraft), zum Teil nach externen Impulsen
Struktur	formalisiert, summativ	wenig formalisiert / offen, formativ
Ziel	Kontrolle/Bewertung der Lehrkraft; Qualitätssicherung	Verbesserung der Arbeit und Arbeitsbeziehungen, Professionalisierung
Gegenstand	Lehrerleistung, Lehrerverhalten, Leistungen	Unterricht, Arbeitskultur, Schüler- und Lehrerarbeit
Verfahren	extern vorgegeben	intern abgestimmt
Auswertung	Fremdauswertung und -beurteilung	Selbstauswertung im Dialog mit Schülern und oft mit Kollegen
Konsequenzen	bei Personalentwicklung/ -führung: Anweisung, Umstrukturierung	Lehrerarbeit in der Klasse/ Schule: Erarbeitung von Lösungsansätzen und Veränderungen

Beurteilungen sind fester Bestandteil unserer Schulkultur – allerdings in aller Regel in Form von Zeugnissen und Noten, von Zurechtweisungen, von pädagogischem Lob – und immer aus Perspektive der Lehrkraft. Man würde die Chancen, die in der Schülerrückmeldung liegen, schnell verspielen, wenn man diese Beurteilungspraxis einfach umkehren würde: Statt Lehrerinnen und Lehrern schreiben nun Schülerinnen und Schüler Zeugnisse und beurteilen den erlebten oder erduldeten Unterricht. Deshalb darf Schülerrückmeldung – so wie wir es hier verstehen – nicht als Instrument im Rahmen der Lehrerbeurteilung, beispielsweise bei Beförderungen, eingesetzt werden. In der Öffentlichkeit klingen solche Vorstellungen allerdings immer wieder mit, wenn von Schülerrückmeldungen oder Schülerfeedback die Rede ist. Und manche Forderung nach einer verpflichtenden und regelmäßigen Beurteilung der Leistungen der Lehrkräfte durch ihre Schülerinnen und Schüler entspringen dem Gedanken der „Umkehrung der Verhältnisse". Ängste vor Vergeltung durch die Schülerinnen und Schüler für erduldete Beurteilungen sind deshalb verständlich und nachvollziehbar. Nach unseren Erfahrungen mit Schülerrückmeldungen sind solche Vorbehalte aber in aller Regel unbegründet. Schülerinnen und Schüler gehen sehr verantwortungsvoll mit solchen Verfahren um. Wenn Spielregeln und Ziele des Feedbacks klar gemacht werden, sind unsachgemäße Rückmeldungen selten.

Ob Schülerrückmeldung oder Schülerbeurteilung – gegen beide Formen wird häufig vorgebracht, Schüler seien nicht in der Lage, kompetent etwas zu Lehr- und Lernprozessen sagen zu können. Viele Kolleginnen und Kollegen reagieren zunächst skeptisch und zurückhaltend auf Schülerrückmeldungen. Deshalb wollen wir uns an dieser Stelle mit einem Argument, das in solchen Gesprächen sehr häufig eine wichtige Rolle spielt, ausführlicher auseinander setzen:

> **„Schüler können das doch gar nicht beurteilen!"**
>
> Pädagogischer Tag in der Schule am Rechenweg: Es geht um die Auswertung von Ergebnissen einer Schülerbefragung im 8. Jahrgang. Eine „Projektgruppe Schulprogramm" hatte sich dafür stark gemacht, diese Befragung durchzuführen, und die Vorbereitung dafür übernommen. Die Kolleginnen und Kollegen waren zunächst auch alle dafür. Zumindest gab es im Vorfeld keine „offiziellen" Einsprüche dagegen, die Schülerinnen und Schüler im Rahmen einer Bestandsaufnahme auch zum Unterricht und Schulleben zu befragen. Nun aber beim pädagogi-

> schen Tag kommt es plötzlich zu heftigen Auseinandersetzungen zwischen den Mitgliedern der „Projektgruppe Schulprogramm" und einem erheblichen Teil der Kolleginnen und Kollegen. Bei der Schülerbefragung waren nicht nur positive Dinge als Ergebnis zu konstatieren, sondern auch einige weniger schmeichelhafte Punkte ans Tageslicht gekommen. Bei der Frage, wie man nun mit den von den Schülerinnen und Schülern angesprochenen Kritikpunkten weiter verfahren sollte, war sich ein Großteil des Kollegiums schnell einig: Schülerinnen und Schüler können den Unterricht gar nicht richtig einschätzen, außerdem seien die Fragestellungen in der Befragung unglücklich gewesen. Deshalb hätten die Aussagen keine Relevanz und entsprächen auch nicht der Wirklichkeit.

Sind Schülerinnen und Schüler in der Lage, objektive Aussagen zum Unterricht und zum Schulleben zu machen? Diese Frage wird von Skeptikern sehr häufig gestellt und in der Regel sofort mit Nein beantwortet. Unseren Erfahrungen nach sollte man entsprechende Positionen nicht vorschnell als Widerstand oder mangelnde Bereitschaft abtun. Sie verweisen in der Tat auf Grundprobleme, die man sich bei der Gestaltung von Schülerfeedback klar machen sollte. Es wäre ein Missverständnis, wenn man davon ausgehen würde, Aussagen und Antworten von Schülerinnen und Schülern sollten dazu dienen, die vermeintlich objektive Wirklichkeit herauszufinden. Schülerfeedback bringt eine neue Perspektive ins Spiel. Diese kann sich deutlich von der Sichtweise beispielsweise der Lehrkräfte unterscheiden. Beginnt man nun aber den Streit, welche der beiden Seiten eher Recht hat, ist man bereits in die Falle gelaufen. Schülerrückmeldungen beschreiben also nicht die Situation, wie sie wirklich ist, sondern so, wie sie die Schülerinnen und Schüler sehen. Nicht mehr, aber eben auch nicht weniger. Deshalb sind wir der Meinung, dass Schülerinnen und Schüler sehr wohl aus ihrer subjektiven Perspektive sehr Aussagekräftiges zum Unterricht und Schulleben sagen können.

Bei der Frage nach der Gültigkeit und Aussagekraft von Schüleraussagen gibt es noch einen weiteren Aspekt, der bei der Interpretation und Analyse von Ergebnissen immer mitbedacht werden sollte. Schüleraussagen zum Unterricht und zur Schule können durch die Lehrerpersönlichkeit, durch Abneigungen oder besondere Sympathien geprägt sein. Wenn Schülerinnen und Schüler eine Lehrkraft toll finden, kann es dazu kommen, dass sie diese positive Haltung auf andere Bereiche übertragen: Dann wird nicht nur die Unterrichtsatmosphäre besonders angenehm erlebt, sondern beispielsweise auch der Lernerfolg als sehr groß bewertet. Allerdings könnte es hier auch zu erheblichen Selbsttäuschungen kommen.

Rolf Dubs, ein Schweizer Experte für Qualitätsentwicklung, hat sich die Mühe gemacht zusammenzutragen, was die Wissenschaft über die Gültigkeit von Schüleraussagen zum Unterricht herausgefunden hat (DUBS 2003). Ein erstes Ergebnis dieser Recherche war, dass es zu diesem Thema nur sehr wenige Untersuchungen gibt und diese wissenschaftlich häufig auch nicht sehr fundiert sind. Auch daran sieht man einmal mehr, dass Schülerfeedback in der Vergangenheit auch in der Erziehungswissenschaft allenfalls ein Schattendasein gefristet hat. Als für die Schulpraxis wichtige Ergebnisse streicht DUBS (2003, S. 101 f.) unter anderen die folgenden Punkte heraus:

- In vielen Untersuchungen wurde ein positiver Zusammenhang zwischen Schülerbeurteilung und tatsächlichem Lernerfolg der Schülerinnen und Schüler festgestellt. Auch wenn dies noch nicht als wissenschaftlicher Beleg für die Gültigkeit von Schülerfeedback interpretiert werden kann, deuten Untersuchungen, „bei denen ein Gesamturteil mit der Schulleistung korreliert wurde, darauf hin, dass ein schwacher positiver Zusammenhang besteht, was die globale Ablehnung der Schülerbeurteilung durch Lehrkräfte, die meinen, Schülerinnen und Schüler wären beurteilungsunfähig, in dieser absoluten Form nicht rechtfertigt" (DUBS 2003, S. 101).
- Schülerinnen und Schüler ab der zweiten Grundschulklasse sind – soweit man auf ihre Voraussetzungen zugeschnittene Verfahren und Instrumente einsetzt – durchaus in der Lage, gültige Beurteilungen des Unterrichts vorzunehmen.
- Schülerinnen und Schüler können bei Feedbacks differenzierte Rückmeldungen geben und zwischen Unterrichtsgestaltung und Persönlichkeit (Freundlichkeit, Wohlwollen, Interessen etc.) von Lehrkräften unterscheiden.
- Offenbar beeinflussen generelle Einstellungen der Schülerinnen und Schüler zum Unterricht auch die Rückmeldungen zu einzelnen Lehrkräften. Nicht geklärt ist, inwieweit erwartete oder erhoffte Noten bei Feedbacks eine Rolle spielen. Es zeigt sich aber, dass „anspruchsvoller Unterricht im Allgemeinen besser bewertet (wird) als leichter Unterricht, Wahlfächer tendenziell besser als Pflichtfächer. Der Unterrichtsgegenstand hat mit aller Wahrscheinlichkeit keinen signifikanten Einfluss auf die Beurteilung." (ebd.)

- Das Charisma von Lehrkräften (Freundlichkeit, Witz, Begeisterungsfähigkeit) hat in der Tat einen größeren Einfluss auf die Rückmeldungen der Schülerinnen und Schüler als die Substanz der Unterrichtsgestaltung, die für den tatsächlichen Lernerfolg entscheidender ist.

Zu ähnlichen Einschätzungen über die Kompetenz von Schülern beim Schülerfeedback kommt auch das Pilotprojekt „Unterrichtsbeurteilung durch Schüler" (Sächsische Arbeitsstelle 2000): „Die Zweifel insbesondere unbeteiligter Lehrer, dass Schüler den Unterricht ihrer Lehrer nicht einschätzen könnten, haben sich nach Aussagen der beteiligten Lehrer nicht bestätigt. Eine Schule stellte in ihrer Auswertung dazu Folgendes fest: „Zur Überraschung aller Projektbeteiligten spiegelten die Ergebnisse offensichtlich sehr genau seine/ihre individuellen Stärken oder Schwächen wider. Auch ergab sich bei Befragungen in Jahrgangsstufen mit sehr großem Altersunterschied (6. und 11. Jahrgangsstufe) eine erstaunlich große Deckungsgleichheit der Ergebnisse."

Zusammengefasst zeigen die Ergebnisse des Sächsischen Pilotprojekts und von Dubs: Schülerinnen und Schüler sind sehr wohl in der Lage, wertvolle Rückmeldungen zum Unterricht zu geben. Bei der Interpretation dieser Rückmeldungen sollte man sich allerdings immer auch die Situation und den Zusammenhang bewusst machen, in dem diese Rückmeldungen gesammelt wurden, und mögliche Begrenzungen beachten.

Ziele, Bereiche, Perspektiven und Verfahren

Es macht einen Unterschied, wer was wie macht: Die Ziele bestimmen die Schülerrückmeldung! Diese Formel unterstreicht unser Verständnis von Schülerfeedback als Kern der Schulentwicklung *mit* Schülern. Schülerbefragungen *werden* erst in einem Lern-Dialog zu Schülerfeedback, wenn sie auf den lernenden Lehrer und – in der Konsequenz – auf den Schüler als reflektierenden Praktiker zielen. Oder einfacher: Ein Schülerfeedback, das den Lehrer nichts lehrt und den Schülern nichts beibringt, ist nichts wert.

Es geht also darum, als Lehrkraft neue Einsichten und vertieftes Wissen zu erlangen und Erfahrungen zu verarbeiten, mit denen man die Arbeit und die Arbeitsbeziehungen in der Schule professionell gestalten und verbessern kann. Dazu gehört, dass Öffentlichkeit beteiligt wird und ihr Mitwirkungsmöglichkeiten geboten werden, dass Arbeitsprozesse und deren Ergebnisse gesichert und verarbeitet werden, um sie gegebenenfalls zu revidieren oder zu bestätigen. Damit können bessere Selbsteinsicht, bessere Lernstrategien und mehr Verständnis geschaffen und die Kräfte aller Beteiligten genutzt werden, um Planungen zu überdenken und neue Handlungsstrategien zu finden. Schülerfeedback zielt auf:

> Nachdenken über das eigene Lernen und die Arbeit in der Schule,
> Analyse, Beurteilung und Bewertung der eigenen Praxis
>
>
>
> Überdenken der Lernumgebung und Lernprozesse,
> Sicherung von Zweckmäßigkeit und Zielerfüllung in der Praxis
>
>
>
> Formulierung eigener weiterer Lernziele,
> Prozessplanung und Veränderung der Praxis
>
>
>
> Entwicklung eigener Ansätze für die Praxis,
> Engagement mit anderen in Lern- und Arbeitsprozessen

Mit „Praxis" wird hier zuerst auf die Berufspraxis des einzelnen Lehrers abgehoben, also auf den Unterricht und die Arbeit der Schule. Schülerfeedback ist an Bereiche beziehungsweise Anlässe der Lehrer- beziehungsweise der Schularbeit gebunden. Alles, was bei Schülerrückmeldungen zur Sprache kommt, muss dazu einen Bezug haben. Es wäre eine Überforderung für Lehrkräfte oder gar Schüler, über diese Bereiche und Anlässe hinauszugehen und Rückmeldungen zu verlangen oder zu geben, beispielsweise über den Privatbereich der Schüler oder Lehrkräfte. Zugegebenermaßen fällt die Entscheidung, ob sich eine Frage noch auf die Lehrer- und Schularbeit bezieht, manchmal schwer.

Natürlich kann man argumentieren, dass sich die nachfolgenden Fragen des amerikanischen Schülerfragebogens auf die Lehrerarbeit beziehen: Eine ruhige, sichere Ausstrahlung wird für das Unterrichtsklima wohl genauso von Bedeutung sein wie für die Arbeit der Schüler – wenn sich diese Ausstrahlung auch im Unterricht zeigt. Wie sehr eine als unangenehm empfundene Lehrerstimme den Lernerfolg dauerhaft verhindern kann, zeigt schon die Alltagserfahrung ... Aber gehören damit diese Fragen schon in ein Schülerfeedback?

Ziele, Bereiche, Perspektiven und Verfahren

Aus dem Giftschrank von Schülerrückmeldungen?!					
So ist unser Lehrer:	++	+	+/−	−	− −
1. Er hat eine ruhige Ausstrahlung.					
2. Er ist gut gekleidet.					
3. Er ist sympathisch.					
4. Er hat eine angenehme Stimme.					
5. Er ist sportlich.					

Wenn Schülerfeedback auf die Verbesserung von Arbeit und Arbeitsbeziehungen in der Schule zielt, soll es sich auf Bereiche konzentrieren, die dafür besonders relevant sind *und* vom Lehrer beziehungsweise der Schule auch beeinflusst beziehungsweise gestaltet werden können. Auf dem Hintergrund der Ergebnisse von Schul- und Unterrichtsforschung (vgl. BROPHY 2002, WALBERG/PAIK 2002, HAENISCH 1999, MORTIMORE/SAMMONS 1988, PORTER/BROPHY 1988) können das folgende Bereiche sein:

Kernbereiche des Schülerrückmeldungen	
Unterrichtsklima	Fürsorglichkeit des Lehrers, Vertrauen, Unterrichtszufriedenheit, Hilfsbereitschaft, produktive Arbeitsruhe, pädagogisches Engagement der Lehrer, Äußerung klarer Erwartungen, Rücksichtnahme …
Arbeitskultur	Feedbackkultur, Verantwortung für eigenes Lernen, Unterstützung kooperativer Arbeitskultur und Problemlösungen, Möglichkeit aus Fehlern zu lernen, effektive Nutzung der Lern-/Unterrichtszeit, individuelle Unterstützung …
Unterrichtsinhalte	Angemessenheit des Schwierigkeitsgrades, Bedeutung der Lerninhalte und -ziele, Zusammenhang der Inhalte zeigen, Gelerntes in Echtsituationen benutzen, Sinn stiftende Kontexte bieten, stimmiges Gesamtkonzept der Unterrichtsziele und -zwecke …

Normen	Einigkeit über hohe Erwartungen, klare Regeln, formulierte Ziele, Leistungsorientierung der Schule; Einhalten von Vereinbarungen, Betonung kooperativen Lernens ...
Ergebnisse, Wirkungen	Kontrollierte Beobachtung und Begleitung der Lernfortschritte der Schüler, regelmäßige Überprüfung der Lernergebnisse und Leistungen sowie deren Dokumentation (auch: Hausaufgaben) ...
Lernen	Förderndes Lernen, gründliches schrittweises Lernen, Bieten von Ausgangsorientierungen (Advance Organizers), adäquates Material, angemessene Lernumgebung, Übungsmöglichkeiten, Betonung von Lernen als Zentrum von Unterricht, Übertragbarkeit von Lernstrategien, Einbindung des Lernens in Sinn stiftende Zusammenhänge, Trennung von Lern- und Leistungssituationen ...
Arbeitsformen, Methoden	Ausbalancierung der einzelnen Grundformen (zum Beispiel Projektarbeit vs. lehrergesteuerte Arbeit), Lernen in Teams und Gruppen; Variabilität der Arbeitsformen, Methodenbewusstsein bei Schülern, variationsreiches Üben und Wiederholen, Zeit zum Lernen, bei Frontalunterricht systematische Präsentation zentraler Merkmale/Inhalte, Fragen zielen auf längere strukturierte Beschäftigung ...
Interaktion	Mischung von Interaktion mit Einzelnen, Gruppen und Klasse; gemeinsame Planung und Umsetzung von Unterrichtsvorhaben, Intensität der Interaktion
Selbstwirksamkeit	aus eigener Anstrengung arbeiten; bei Schwierigkeiten durchhalten; Anstrengungshöhe; schwierige Situationen angehen, Selbstzutrauen, Übertragung gelernter Lösungen auf neue Probleme ...
pädagogischer Bezug	Pädagogischer Takt, Verbindlichkeit der Sprache im Unterricht, Achtung des Kindes, möglichst hohe Zurückhaltung des Lehrers, Bewusstheit der Bedeutung von Lehrer-Schüler-Beziehung ...

Ziele, Bereiche, Perspektiven und Verfahren 47

Mit der bloßen Auswahl von Bereichen ist es allerdings beim Schülerfeedback noch nicht getan. Man muss noch entscheiden, was man im jeweiligen Bereich eigentlich genau wissen will. Grundsätzlich kann man hier neun Untersuchungsperspektiven unterscheiden:

Was will ich bei einem Schülerfeedback über einen Kernbereich wissen?	
Neun Untersuchungsperspektiven:	
Bestandsaufnahmen machen	Was geschah im Bereich …? Wie lief … ab?
Kontexte analysieren	Unter welchen Bedingungen wurde … (nicht) erreicht?
Vergleiche vornehmen	Welche Unterschiede gibt es zwischen …?
Ergebnis/Erfolg überprüfen	Was wurde gelernt/erreicht?
Meinungen, Ansichten sammeln	Wie wurde … von Schülern wahrgenommen? Wie zufrieden sind Schüler mit …?
Prozesse reflektieren	Wie verliefen die Arbeits- und Lernprozesse bei …?
Ideen, Vorschläge sammeln	Welche Alternativen sehen Schüler für …?
Transfer/Konsequenzen planen	Welche Folgen hatte … bei anderen Aufgaben/für die Arbeit? Welche Konsequenzen sind zu ziehen …?
Erfahrungen reflektieren (Metakognition)	Was haben die Schüler über das Lernen bei … gelernt?

Sind Ziele, Bereiche und Perspektiven für ein Schülerrückmeldungen erst einmal geklärt, erscheint dann die Frage des dafür zu wählenden Verfahrens oft von sekundärer Bedeutung. Denn generell gilt, dass Verfahren bei Evaluation durchweg eine nachrangige Position einnehmen sollen: Sie sind dazu da, auf möglichst günstige und einfache Weise dazu beizutragen, die Ziele umzusetzen. Beim Schülerfeedback gilt dies jedoch mit Einschränkungen. Es ist ja nicht nur ein Verfahren, sondern gleichzeitig auch ein wichtiger Bereich für die Gestaltung der Arbeitskultur und für das Gelingen der Schulentwicklung *mit* Schülern. Welches Verfahren man für Schülerrückmeldungen wählt und wie man es einsetzt, beeinflusst den Unterricht, wirkt auf die Arbeitskultur und formt die Lehrerprofessionalität. Denn das Verfahren muss zentrale Ziele erfüllen, auf relevante Bereiche abheben, Schüler emanzipierend sowie Lehrer professionalisierend sein, sonst macht es die Haltung nicht vor, in der man ihr nachkommen soll.

Entscheidend für Wirksamkeit, Angemessenheit und Erfolg von Schülerfeedback ist nicht, wie Ziele, Bereiche und Verfahren jeweils für sich gewählt werden, sondern ob sie sinnvoll miteinander verknüpft sind und bei Lehrer-, Unterrichts- und Schulentwicklung produktiv zusammenwirken.

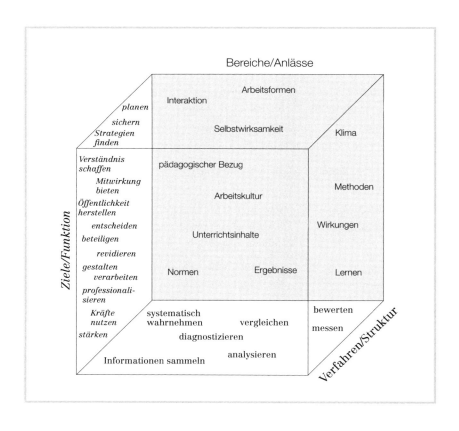

Ziele, Bereiche, Perspektiven und Verfahren

Verfahren des Schülerfeedbacks, die zu Schulentwicklung *mit* Schülern passen, sollten

- *dialogisch angelegt sein:* Auf Rückmeldungen der Schüler sollte immer auch eine Reaktion erfolgen, in der zumindest die Konsequenzen der Rückmeldungen für die Lehrkraft deutlich werden.
- *diagnostisch orientiert sein:* Schülerfeedback wird durchgeführt, um neue Erkenntnisse zu erlangen und um Zusammenhänge aufzudecken.
- *Lösungen anstreben:* Schülerfeedback ist konstruktiv – auf der Sach- wie auf der Beziehungsebene. Es ist kein Mittel der Eskalation oder Konfrontation, sondern setzt – beim Lehrer wie beim Schüler – auf Einsichten und die Fähigkeit zu lernen.
- *keine falschen Hoffnungen wecken:* Es wird – zum Beispiel durch die Auswahl der Feedback-Bereiche – ein klarer Eindruck dessen vermittelt, was im Unterricht veränderbar ist und was nicht.
- *das Lehrer-Schüler-Verhältnis respektieren:* Die notwendige Rollendistanz wird – bei aller Bereitschaft zur Transparenz und Offenlegung des Unterrichts – gewahrt. Es bleibt immer klar, dass der Lehrer die Verantwortung für den Unterricht hat.
- *formativ und als Prozess angelegt sein:* Konsequenzen lassen sich aus Schülerfeedbacks nur ziehen, wenn man es mehrfach macht, die Ergebnisse vergleicht und Entwicklungsprozesse herausarbeitet. Schülerfeedback steht nicht am Schluss einer Entwicklung, sondern es ist Teil des laufenden Unterrichts.
- *auf analytisch orientierte, sprachlich angemessene Aussagen achten:* Durch Schülerfeedback lernen Schüler Lernen! Sie müssen immer mehr lernen, sich auch sprachlich differenziert über Arbeits- und Lernprozesse mit anderen auszutauschen.
- *die möglichen sozialen Folgen beachten:* Dies gilt sowohl für die Folgen bei den Feedback-Gebenden und -Empfängern. Sowohl das Instrument wie auch die mit ihm erzielten Ergebnisse müssen sozial-verträglich sein.

Unter Beachtung dieser Voraussetzungen stehen dann für verschiedene Bereiche und Ziele eine ganze Reihe von Verfahren zur Verfügung, die bei Schülerfeedbacks eingesetzt werden können. Sie reichen von einfachen Umfragen und Kurzfragebögen bis hin zu komplexen Beobachtungen und Prozessanalysen. Im dritten Kapitel werden wir sie eingehend darstellen.

Normen und Spielregeln klären – bevor es los geht

Eine gute Verknüpfung von Zielen, Bereichen und Verfahren macht ein Schülerfeedback aber noch nicht zum Selbstläufer. Notwendig dafür, dass Schülerrückmeldungen positive Wirkungen zeitigen, ist die Einhaltung grundlegender Normen und Spielregeln während des Rückmeldungsprozesses. Die Verabredung von Spielregeln und die Klärung von Normen trägt dazu bei, Ziele und Absichten der Rückmeldung zu klären und den Beteiligten transparent zu machen, was auf sie zukommen wird. Ein Verfahren kann so gut sein, wie es will, wenn damit gegen Normen oder gegen Spielregeln verstoßen wird, kann es keine wirksamen Ergebnisse bringen.

„Ich kann doch das Rad nicht mehr zurückdrehen ..."

Natürlich hatte ich mir das mit dem Schülerfragebogen gut überlegt, ich habe sogar mit zwei Kollegen darüber gesprochen. Aber ich konnte doch nicht damit rechnen, dass es zu solchen Ergebnissen kommen würde. Eigentlich wollte ich doch nur das Beste für die Klasse. Die Spannungen waren ja unerträglich. Ich hatte das Gefühl, dass ich einfach nicht mehr ankommen würde bei den Jugendlichen. So etwas ist mir zum ersten Mal passiert. Zuerst habe ich mit neuen, modernen Unterrichtsinhalten versucht dagegen anzugehen, dann, als das nichts half, mit Struktur und Disziplin. Aber auch das half nichts. Die Jungen blieben weiter so desinteressiert wie vorher, die Mädchen so still und verschüchtert wie immer. Ich dachte mir, dann frage ich sie doch, was los ist. Also habe ich ihnen drei Fragen gestellt, die jeder von ihnen auf einem Zettel beantworten sollte:
1. Was ist in der Klasse los?
2. Was sind die Ursachen für die Spannungen?
3. Wie können wir besser zusammenarbeiten?

Ich weiß, diese Fragen hörten sich an wie Hilfeschreie – und so haben die Schüler auch darauf reagiert. Einige haben herzzerreißende Antworten geschrieben und sich entschuldigt für ihr Verhalten, andere haben mich beschimpft. Ich kann unmöglich die Antworten der Klasse geben. Dabei hatte ich ihnen das versprochen. Ich weiß gar nicht, was ich mit den Antworten machen soll. Ich kann doch das Rad jetzt nicht einfach zurückdrehen und so tun, als wäre das nie gewesen. Naja, jetzt kommen erst einmal die Ferien, hoffentlich ist danach alles vergessen.

Normen und Spielregeln klären – bevor es los geht 51

Natürlich kann man bei Evaluationen nicht alles voraussehen und sie auch nicht durch penible Spielregeln und weit reichende Normen so wasserdicht machen, dass Unvorhergesehenes ausgeschlossen wäre. Schülerrückmeldung – als sozialer Prozess – wird immer eine eigene Dynamik entfalten, auf die man als Lehrer reagieren und dann situationsspezifisch eingehen muss. Dies wird aber umso leichter fallen, je klarer man sich vorab gemacht hat,
- auf was man sich einlässt,
- welche Bedeutung/Folgen das für alle Beteiligten haben soll,
- wo die Möglichkeiten und die Grenzen des eigenen Handelns liegen,
- wer wie welche Konsequenzen ziehen soll.

Als hilfreich zur Klärung dieser Aspekte hat sich das folgende Planungsraster erwiesen. Wenn man es vor einem Schülerfeedback bearbeitet, macht es Verantwortlichkeiten, Arbeitsschritte und Konsequenzen klar (vor allem durch die Betonung der umzusetzenden Ergebnisse).

Schülerfeedback planen			
	Rückmeldungen erheben	**analysieren und bewerten**	**Ergebnisse umsetzen**
Wer?			
Was?			
Wozu?			
Wie?			
Wann?			
Wie oft?			

(EIKENBUSCH 1998, S. 160)

Das besondere Gewicht der Vereinbarung von Normen und Spielregeln beim Schülerfeedback ergibt sich daraus, dass es für die Lehrkraft nur wenig Möglichkeiten eines einfachen und folgenlosen Ausstiegs gibt und dass Schüler und Lehrer auch nach der Schülerrückmeldung weiter gedeihlich zusammenarbeiten müssen. Spielregeln und Normen sollen deshalb beim Schülerfeedback einerseits sicherstellen, dass die angestrebten Ziele erreicht werden können, andererseits sollen sie verhindern, dass die Arbeit und die Arbeitsbeziehungen in der Klasse gestört werden.

Zu den grundlegenden Normen beim Schülerfeedback gehören immer die *Achtung vor der Intimsphäre* des Schülers und der *Respekt vor seinen Ansichten*. Wenn Schüler sich beispielsweise bei Rückmeldungen zur Person des Lehrers äußern sollen (u. a. Zufriedenheit mit dem Unterrichtsstil), wird dies von ihnen nicht selten als bedrängend empfunden: Sie wollen es unter Umständen schlicht für sich behalten oder sind sich oft der Einschätzung nicht klar oder sind gespalten, sie wissen nicht, wie der Lehrer mit ihren Äußerungen umgeht und ob die Anonymität wirklich gewährleistet ist. Deshalb gilt die Norm, dass bei allen Fragen zur Person immer auch die Antwortmöglichkeit „keine Angabe" gegeben wird, um den Schüler nicht vor unlösbare Aufgaben zu stellen.

Wo sind die Grenzen beim Schülerfeedback?

„Welches Recht hat man eigentlich, Kinder oder Jugendliche mit Hilfe von Interviews, Fragebögen oder mit anderen Methoden nach Informationen zu fragen? Wo sind die Grenzen des Rechts des Kindes auf Integrität? Kindern kann es aus unterschiedlichen Gründen schwer fallen, nicht auf eine Frage zu antworten – beispielsweise weil sie glauben, dass es zur Schülerrolle gehört, auf Fragen Erwachsener zu antworten. Das kann sogar für Fragen gelten, die wir Erwachsenen nicht ohne weiteres beantworten würden, weil wir sie für zu bedrängend oder für zu persönlich halten. Deshalb trägt man, wenn man eine Evaluation oder ein Schülerfeedback mit Kindern und Jugendlichen durchführt, eine besondere Verantwortung, die Rechte des Kindes zu achten und es zu respektieren. Man sollte es sich auch zur Grundregel machen, die Eltern zu informieren, wenn man ein Schülerfeedback beziehungsweise eine Evaluation durchführt. Man sollte offen darlegen, warum das Feedback durchgeführt wird, wer daran teilnimmt und wie die Ergebnisse verwendet werden." (SKOLVERKET 2000, S. 60 f.)

Respekt vor den Ansichten des Schülers als Standard beziehungsweise Norm verlangt vom Lehrer einen sorgfältigen und behutsamen Umgang mit den gewonnenen Informationen und Daten. Insbesondere ist dies notwendig bei der Rückmeldung an die Klasse. Wenn vorher Anonymität zugesichert wor-

Normen und Spielregeln klären – bevor es los geht

den ist, *müssen* Schüleräußerungen nur so ausgewertet werden, dass sie nicht auf einzelne Personen zurückzuführen sind.

Eine weitere wichtige normative Anforderung ist die Zusicherung von *Freiwilligkeit der Teilnahme*, die ihrerseits verbunden ist mit dem Anspruch, dass diejenigen, die nicht am Schülerfeedback teilnehmen, wenigstens tolerieren, wenn andere sich beteiligen. Schülerfeedback zu erzwingen entspräche weder einem angemessenen pädagogischen Verhältnis zum Schüler noch würde es zu sinnvollen und verwertbaren Angaben führen. Für Schüler, die glauben, sie hätten nichts zum Unterricht zu sagen, ist Schülerfeedback ebenso wenig geeignet wie für Lehrer, die es für unnütz halten oder die keine Veränderungsimpulse haben wollen.

Sicherheit und Verlässlichkeit schafft die Norm, *Ziele, Verantwortlichkeiten und mögliche Konsequenzen von vornherein klar zu benennen*. In der Praxis kann das zum Beispiel bedeuten: „Mit diesem Fragebogen möchte ich erfragen, wie die Unterrichtsreihe bei euch angekommen ist. Ich will prüfen, was wir in unserem Unterricht noch besser machen können und wie ich die Unterrichtsreihe für andere Klassen noch überarbeiten muss. Die zusammengefassten Ergebnisse werde ich in der Klasse besprechen. ..."

Folgerichtig beinhaltet eine weitere Norm, *vor dem Schülerfeedback offen zu legen, wer die Ergebnisse in welcher Form bekommen wird*. Schüler machen die Seriosität und die Tiefe ihrer Antworten auch davon abhängig, wer sie anschließend zu Gesicht bekommen wird. Wenn beispielsweise klar ist, dass der Schulleiter die Auswertung des Schülerfeedbacks liest, werden sich die Schülerinnen und Schüler darauf einstellen, der Schulleiter wird damit zu einem indirekten Adressaten.

Fehler machen zu dürfen und sie als Lernmöglichkeit zu nutzen ist eine weitere verbindliche Anforderung an Schülerfeedbacks. Schülerrückmeldungen sind gerade ein Ausdruck dafür, dass der Lehrer weiß, dass sein Unterricht Stärken und Schwächen hat und dass Fehler geschehen. Wenn Schüler oder Lehrer diese Auffassung nicht teilen, würde Schülerfeedback zur Fehlerauflistung oder zur Bestrafung.

Normen und Spielregeln zu vereinbaren, ist aber nicht nur eine präventive Maßnahme gegen ein Scheitern oder Abbrechen von Schülerfeedback. Es ist gleichzeitig auch eine wichtige fördernde und absichernde Maßnahme: Es schafft bei allen Beteiligten Klarheit darüber, auf was sie sich einlassen und was die Bedingungen sind. So wird Transparenz geschaffen, die Schüler können Schülerfeedback lernen.

In der Regel sind solche Vereinbarungen unspektakulär. Es ist wichtig, sie nicht überzuformalisieren und sie gegebenenfalls im Feedbackprozess weiterzuentwickeln, statt an ihnen statisch festzuhalten.

Schülerfeedback muss man lernen: Schüler als reflektierende Praktiker

Feedback geben muss man lernen! Als Schüler mit Feedback zu einem systematischen Lern-Dialog beitragen zu können, gelingt nicht einfach von selbst, sondern setzt Wissen und Erfahrung voraus. Es reicht dabei nicht nur, eine Meinung zum Unterricht oder zum Lehrer zu haben, sondern man muss sie auch angemessen und zielbezogen formulieren und einbringen können. Damit sie so fundiert wie möglich Feedback geben können, brauchen Schüler eine Art Ausbildung.

Zum Feedbackgeben gehört besonders:
- zu klären, in welcher Rolle sie gefragt sind und aus welcher Perspektive sie sich beteiligen wollen: Sie sind in der Regel als Schüler einer bestimmten Schule und Klasse gefragt – und nicht als Freund oder Berater eines Lehrers oder außen stehender Gast oder Experte. Man kann als Lehrer, der ein Feedback durchführt, hier den Schülern helfen, wenn man zum Beispiel bei Fragen die Schülerperspektive deutlich betont: Als Schüler der …Schule finde ich …
- zu lernen, dass auch durch ein Schülerfeedback die Lehrer-Schüler-Beziehung nicht aufgehoben wird. Dies kann zum einen durch die Inhalte erfolgen, zu denen Schüler ein Feedback geben sollen: Sie sollten nur auf Aspekte abzielen, die Schüler auch als Schüler beantworten können. Zum anderen kann dies über die Struktur und das Setting des Feedbacks erfolgen, wenn der Lehrer betont, dass er den beruflichen Bezug des Feedbacks deutlich macht, und wenn er das Feedback nicht in einer besonderen (zum Beispiel privaten) Atmosphäre durchführt.
- den Umgang mit Feedback und dessen Wirkungen in einem begrenzten Raum über einen längeren Zeitraum zu üben beziehungsweise zu verfolgen. Am besten gelingt dies, wenn man eine Sequenz kleiner Feedbacks durchführt und im Verlauf auch Ziele, Verfahren und Wirkungen thematisiert. Dies entspricht auch der formativen Grundausrichtung von Schülerfeedback.

- Grundlagen und Verfahren zu erwerben, mit denen die Schüler Unterrichtsprozesse im Hinblick auf eine bestimmte Fragestellung untersuchen können. Dazu gehört besonders die Vermittlung von Wissen (zum Beispiel Fachbegriffe) und Verfahren, wie Unterrichtsverläufe beschrieben und dokumentiert werden können (zum Beispiel mit Hilfe von Diagnosefragen, Beobachtungsbögen) und wie eigene Erfahrungen und Sichtweisen strukturiert und dokumentiert werden können (zum Beispiel mit Hilfe von Inventuren, Logbüchern).
- die eigenen Erfahrungen mit dem Schülerfeedback auch gemeinsam in der Klasse zu reflektieren, um unter anderem die Möglichkeiten und Grenzen der Schüler beim Feedback zu analysieren und Überforderungen zu vermeiden. Um Veränderungen und Entwicklungen im Blick zu behalten, ist es hier angebracht, die Ergebnisse der Überlegungen jeweils kurz (Flipchart) zu dokumentieren.
- Verfahren zu wählen und zu erproben, die Schüler in die Rolle eines reflektierenden Praktikers bringen können. So müssen Fragen und Verfahren bei Schülerfeedback einen angemessenen Herausforderungscharakter aufweisen („Wenn du der letzten Mathematikstunde einen Filmtitel geben solltest, welchen würdest du wählen ...") und ernst genommen werden können.

Erste Schritte

Nicht immer sind die Voraussetzungen für die Durchführung von Schülerrückmeldungen in einer Schule oder Klasse von vornherein gegeben, oft müssen sie erst schrittweise geschaffen werden. Die Vorbereitung und Absicherung von Schülerrückmeldungen sind ein längerer Lern- und Erfahrungsprozess. Der erste Schritt beim Schülerfeedback besteht dabei immer in der Auseinandersetzung mit den beiden Fragen:
- Was will ich mit der Schülerrückmeldung anfangen?
- Was soll sich dadurch (nicht) verändern?

Oder, anders gefasst: Würde mir/uns etwas fehlen, wenn keine Schülerrückmeldung gegeben würde?

Aus zweierlei Gründen ist dieser Schritt besonders wichtig: Er dient dazu, das Vorhaben gegenüber anderen in der Schule zu erläutern und abzusichern, und er hilft, die Schülerrückmeldung richtig auszurichten und zu steuern. Der nächste Schritt auf dem Weg zum Schülerfeedback ist, zu prüfen und sicherzustellen, dass in der konkreten Klasse/Schule die bereits genannten grundlegenden Normen eingehalten werden können. Dann ergibt sich die Möglichkeit, in kleinen Schritten die Voraussetzungen für Schülerfeedback zu schaffen und zu lernen, wie man es macht und wie man damit umgeht.

> **Lernschritte zum Schülerfeedback**
>
> - *klein anfangen:* nur mit begrenzten und nicht kritischen Arbeitsbereichen oder Themen beginnen,
> - *probieren,* ob Schülerfeedback ernst genommen wird (zum Beispiel Auswertung eines Tafelbildes, Rückmeldung über Organisation eines Wandertages …),
> - *einfach vorgehen:* überschaubare Instrumente mit geringem Auswertungsaufwand einsetzen, zum Beispiel nur eine oder zwei Fragen,
> - *eigenes Interesse offen legen,* Schülerinteresse nicht als Vorbedingung einfordern und die möglichen Folgen von Schülerfeedback nennen: „Ich brauche/möchte Informationen … um … Wichtig ist, dass ihr die Fragen ernst nehmt, weil ich sonst mit den Ergebnissen nichts anfangen kann …",
> - *Konsequenzen einplanen* und kontrollieren: zumindest im kleinen Rahmen zeigen, dass Schülerrückmeldung Wirkungen hat,
> - *kooperieren* und einen ‚kritischen Freund' suchen: mit mindestens einem Kollegen die Ergebnisse sichten und werten,
> - Ergebnis und Lernprozess kurz *dokumentieren*: in der Klasse auswerten, wo (kein) Erfolg erreicht wurde, Arbeitsschritte herausheben für zukünftige Wiederholung.

Ob eine Lehrkraft diese Lernschritte wagt, hängt vor allem davon ab, wie sie zur entsprechenden Klasse steht und ob sie persönlich dem Verfahren überhaupt etwas zutraut. Eigene biografische Erfahrungen (Fragebogen S. 57) spielen hier eine entscheidende Rolle.

Um die eigene Feedbackbiografie als Schüler wie auch als Lehrer im Blick behalten zu können, ist es ratsam, interessante Rückmeldungen zu archivieren. Dies gilt für Schüler wie für Lehrkräfte. Der Rückblick auf alte Rückmeldungen gibt aufschlussreiche Einblicke in Lern- und Entwicklungsprozesse.

Erste Schritte

Eigene Feedbackbiografie untersuchen

Feedback geben erfordert Mut – nicht nur bei dem, der sich Feedback geben lässt, sondern auch bei denen, die Feedback geben. Welche Erfahrungen haben Sie mit Rückmeldungen zwischen Schülern und Lehrkräften gemacht? – In Ihrer Rolle als Lehrer und zu Ihrer Schulzeit als Schüler? Diese Übung hilft, der eigenen „Feedbackgeschichte" nachzuspüren und Erfahrungen mit Schülerrückmeldungen in Erinnerung zu rufen.

Nehmen Sie sich für die Übung mindestens 20 Minuten Zeit und beantworten Sie folgende Fragen:

1. Was habe ich meinen Lehrkräften in der Schule rückgemeldet? Bei welchen Gelegenheiten?
2. Was hätte ich ihnen gerne rückgemeldet? Warum habe ich es nicht getan?
3. Was melden mir heute meine Schüler zurück? Bei welchen Gelegenheiten?
4. Was hätte ich gerne, das sie mir rückmelden?
5. Was melde ich meinen Schülern heute zurück? Bei welchen Gelegenheiten?
6. Was würde ich Ihnen gerne zurückmelden?

Auswertung:

Von besonderem Interesse ist zuerst, wie sich die eigenen Einstellungen und Erwartungen im Laufe der Zeit verändert haben und ob man die Erwartungen, die man selber als Schüler gehabt hat, nun von Lehrerseite aus erfüllt haben. Die entscheidenden Auswertungsfragen jedoch sind:

- Was hat mich/uns daran gehindert, gewünschtes Feedback zu geben/zu erhalten?
- Was würde in meinem/unserem Unterricht geschehen, wenn ich es geben beziehungsweise erhalten würde?
- Was kann in den nächsten drei Monaten ein praktischer Schritt sein, gewünschtes Feedback zu geben/zu erhalten?

Neben der Auswertung der persönlichen Feedbackbiografie ergibt sich – vor allem in Gruppen – auch die Möglichkeit zu untersuchen, wie sich Einstellungen zum Schülerfeedback historisch verändert haben.

> Liebe Frau ,
> Sie könnten Ihren Unterricht ein wenig spannender gestalten und uns auch einmal etwas beibringen, was wir noch nicht können. Sie könnten auch ruhig etwas dannehmen was wir noch nicht hatten. Es wäre auch angebracht, uns zu erklären, was wir wissen wollen, und nicht das was wir schon wissen.
>
> A., im 3. Schuljahr

Dieser Brief einer Drittklässlerin ist nicht bloß eine persönliche Erinnerung, sondern er hilft auch, im Rückblick Fragen zur eigenen Lernentwicklung zu beantworten: Was ist damals eigentlich genau in der Klasse passiert? Wie hat sich meine Lernhaltung beziehungsweise mein Unterricht verändert? Was hat dazu beigetragen, dass sie sich (nicht) veränderte? Welche Grundeinstellungen zum Lernen, zum Lehrer und zum Unterricht ziehen sich durch die Rückmeldungen?

Selbstkontrolle: Wie man in den Wald hineinruft ...

Ob Schülerfeedback die angestrebten Ziele erreichen kann, entscheidet sich oft schon lange vor dessen Beginn. Denn Lehrkräfte haben – meist ohne es selbst zu merken – durch ihren bisherigen Unterricht bereits eine Grundeinstellung zur Schülerrückmeldung geprägt: Lehrer geben täglich hundertfach ihren Schülerinnen und Schülern eine Rückmeldung über deren Leistungen. Gemeint sind hier nicht nur die expliziten und auch von den Lehrern als solche wahrgenommenen Rückmeldungen wie Benotungen oder Zeugnisse, sondern es geht hier um die vielen Rückmeldungen im Schulalltag. Lehrer sind in ihrem alltäglichen Unterricht für Schüler ein Modell, wie man Rückmeldungen gibt und wie man sie verarbeitet.

Auf Verhalten, Beiträge, Leistungen von Schülerinnen und Schülern erfolgt – wenn überhaupt – meist eine der folgenden fünf Feedback-Varianten.

Selbstkontrolle

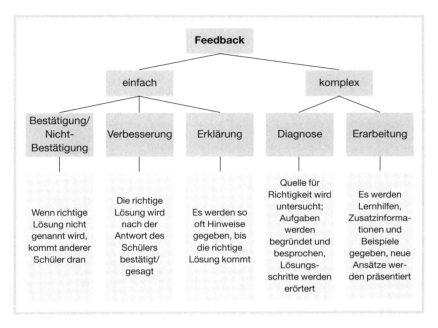

Entweder sollen falsche Antworten eliminiert oder korrekte Lösungswege und -strategien verstanden werden oder es sollen sinnvolle Lösungen gefestigt werden. Den Feedback-Varianten liegt die Annahme zu Grunde, dass damit richtige beziehungsweise falsche Antworten oder Lösungswege identifiziert und dass korrekte Lösungen gefestigt und stabilisiert werden können, damit es in Zukunft – bei anderen Aufgaben – schneller oder öfter zu richtigen Lösungen kommt.

Vor allem der in Deutschland weit verbreitete fragend-entwickelnde Unterricht beziehungsweise der nach wie vor hohe Anteil gelenkter Unterrichtsgespräche führen zu einem sehr hohen Anteil einfacher Feedbackformen im Unterricht, meistens beschränken sie sich auf Bestätigungen und Verbesserungen. Gefragt sind schnelle Feedbacks des Lehrers auf eine Vielzahl von Reaktionen. In ironischen Bemerkungen von Kollegen wie „Die Kunst des Lehrens ist nichts anderes als Regenwurm-Mäeutik, bei der es gilt, den richtigen Regenwurm zur rechten Zeit aus der richtigen Schülernase zu ziehen" wird deutlich, wie viel Mühe und Aufwand dieses Vorgehen kostet. Solches Feedback-Verhalten prägt schnell den gesamten Unterricht: Bittet man in einem solchen Fall die Schüler um eine Partnerkorrektur (zum Beispiel bei einem Diktat oder bei Rechenaufgaben), überspitzen sie das Feedbackverhalten des Lehrers in der Regel durch die Betonung der einen einzigen Lösung und durch übergenaue und rigide Korrektur. Vom Lehrer lernen die Klasse und die einzelnen Schüler, wie man Lösungen erarbeitet und Fehler für die Weiterarbeit nutzt.

> Jonas, du Dussel, das kannst du besser! 2-
>
> Friederike, so geht das nicht! 4
>
> Vor allem die Einleitung hat mir gefallen 3
>
> Die Leistungen entsprechen im Ganzen den Anforderungen 3
>
> Du hast Dich sehr bemüht, aber es hat nicht gereicht.
>
> Ich bin begeistert! 2
>
> gut 2
>
> leider nur 5

Wenn man mit Schülerfeedback in der Klasse beginnt, wird sich in den Rückmeldungen auch immer der bisherige Umgang mit Rückmeldungen und Korrekturen in der Klasse widerspiegeln. Je besser die Schülerinnen und Schüler gelernt haben, komplexe Rückmeldungen zu verarbeiten beziehungsweise selber zu geben, umso mehr können sie mit Schülerfeedback zur Verbesserung der Arbeitskultur beitragen. So macht es einen erheblichen Unterschied, ob die Korrekturen bei Klassenarbeiten oder in Hausheften auf einer sehr einfachen Feedbackebene liegen, bei der eine Leistungsbewertung nur in knappe Worte gefasst wird, oder ob es sich um eine differenzierte Einschätzung handelt, die einen Ausgangspunkt zur Weiterarbeit bietet:

Aus einem Kommentar zu Moritz' Deutsch-Klassenarbeit (7. Sj.)

Eigenständigkeit	*Es ist selbstverständlich, dass ihr euch in eurem Alter von Geschichten, Filmen, Comics, Computerspielen usw. anregen lasst und weder von der Handlung noch von der Sprache her in der Lage sein könnt, etwas völlig Eigenständiges und Neues zu schaffen.* (…) Unter diesen Voraussetzungen beurteile ich deine Erzählung als vom Handlungsaufbau her sehr eigenständig und von der Sprache her erwartungsgemäß eigenständig.
Handlungsgerüst	*Beachte: Die Glaubwürdigkeit einer Handlung ist nichts Absolutes.* (…) Das Handlungsgerüst deiner Geschichte ist außerordentlich komplex, die Handlung selbst ist überwiegend glaubwürdig.

Sorgfalt	*Es gibt beim Erzählen einer Geschichte mehrere Ebenen, auf denen Sorgfalt gefragt ist. Das beginnt beim Handlungsgerüst, geht über das Durchhalten einer Perspektive, die Wortwahl (...) bis hin zu Zeichensetzungs- und Rechtschreibfehlern und zum Layout. (...) Mir erscheint deine Erzählung als hinreichend sorgfältig. Das Handlungsgerüst ist sehr anspruchsvoll, die Wortwahl äußerst differenziert und (bis auf wenige Ausnahmen) treffend. Relativ viele Korrekturen gab es noch bei Rechtschreibung, Zeichensetzung und im Satzbau (...).*
Erzählerische Kompetenz	*Dazu gehört, dass man eine ausgedachte Handlung so erzählt, dass sie spannend, zumindest aber interessant ist, dass die Sprache abwechslungsreich ist, dass die einzelnen Elemente des Erzählens (Beschreibung, Erzählerbericht, wörtliche oder indirekte beziehungsweise erlebte Rede, Gedankenrede, Erzählerkommentar) sinnvoll miteinander verwoben werden. Insgesamt bewerte ich deine erzählerische Kompetenz als außerordentlich hoch. In allen oben erwähnten Punkten beweist du eine außerordentlich hohe Kompetenz. Verglichen mit der Erzählung aus Klasse 5 (die ja auch nicht schlecht war) hast du sehr große Fortschritte gemacht (...).*

Die zuerst genannten kurzen, oft apodiktischen Bemerkungen signalisieren auf der Beziehungsebene hierarchische Distanz und unangreifbare Asymmetrie, auf der Inhaltsebene operieren sie mit mehr oder minder versteckten Vorwürfen an den Schüler und damit Selbst-Entschuldigungen des Lehrers: „Das hättest du doch wissen müssen!" ist eine bei Rückfragen von Schülern gängige Antwort. Ein Interesse an Feedback – weder vom Lehrer zum Schüler, noch vom Schüler zum Lehrer – ist nicht zu erkennen.

Natürlich kann eine Lehrkraft, die bis zu 600 Klassenarbeiten pro Jahr korrigieren muss, nicht jeden Kommentar als Schülerrückmeldung gestalten. Aber, wie das zweite Beispiel zeigt, gibt es Wege, Rückmeldungen auf einfache und effiziente Weise zu machen. Auch wenn erhebliche Teile des Kommentars aus Textbausteinen bestehen und die individuellen Anmerkungen nur kurz gefasst sind, so bietet er doch Erklärungen, ist diagnostisch angelegt und vermittelt prozedurales Wissen. Er geht sachbezogen und wertschätzend vor und signalisiert, dass die Leistungen über einen längeren Zeitraum verfolgt werden. Lehrkräfte, die Rückmeldungen in dieser – wenn auch durchaus effektiv gestalteten – Form geben, werden mit nützlichen Äußerungen von Schülern bei Feedbacks rechnen können.

Weitere unterstützende Faktoren für den Aufbau einer Feedback-Kultur in der Klasse sind unter anderem:
- Erläuterung/Offenlegung der Unterrichtsschritte und -ziele,
- regelmäßige Lern- beziehungsweise Unterrichtsrückschau und Dokumentation von Unterrichtseinheiten,
- Schülern bei Unterrichtsbeiträgen/Hausaufgaben sofort Rückmeldungen geben, die ihnen helfen, Fehler zu verstehen und zu verbessern. Keine Arbeiten verlangen, auf die keine Rückmeldung erfolgen kann.
- richtige Lösungen und sinnvolle Beiträge deutlich anerkennen.
- Hinweise und Korrekturen auf die Unterrichtseinheit beziehungsweise Lernziele beziehen (keine generellen Aussagen über Leistungen und Fähigkeiten),
- Vermeiden von „falschem Lob",
- Einsatz von Partnerkorrekturen, gegenseitiger Lernkontrolle und -diagnosen (peer evaluation) sowie Aufbau von Unterstützungsstrukturen in der Klasse (peer tutoring),
- Positiv-Korrekturen bei Klassenarbeiten und Tests,
- Vermittlung von Lern- und Arbeitstechniken wie Zusammenfassen, Hervorheben, Auswerten, Mind-Maps und von angemessener Begrifflichkeit zur Beschreibung und Auswertung von Unterrichtsgeschehen,
- Präsentation von Lernergebnissen in und außerhalb der Klasse,
- Einsatz von Verfahren zur Selbsteinschätzung von Ergebnissen und Leistungen (Tests, Übungsblätter),
- klare Trennung von Lern-, Leistungs- und Übungssituationen,
- regelmäßiger Einsatz (auch kleiner) Feedbacks.

Wovor man sich bei Schülerfeedbacks hüten sollte

Ohne Schülerrückmeldungen ist aus unserer Sicht Schulentwicklung *mit* Schülern kaum vorstellbar. Trotz oder gerade wegen der großen Bedeutung gibt es auch einige Gefahren, vor denen man sich bei der Gestaltung von Schülerrückmeldungen in Acht nehmen sollte.

Schülerfeedbacks dürfen nicht verabsolutiert werden: Schülerrückmeldungen leisten vieles, aber selbstverständlich nicht alles. Deshalb sollte man die Grenzen dieses Werkzeugs im Blick behalten. Schülerinnen und Schüler sind in der Lage, sehr Substanzielles zum Unterricht, zur Schule und zum Auftreten und Handeln von Lehrkräften zu sagen (vgl. S. 34 ff.). Aber dennoch können Schülerrückmeldungen Unschärfen enthalten. HELMKE (2003, S. 167) nennt einige solcher Grenzen der Aussagekraft von Schülerrückmeldungen:
- Schülerinnen und Schüler können die didaktische Kompetenz und fachliche Expertise von Lehrkräften nur eingeschränkt beurteilen.
- Schülerinnen und Schüler haben oft unklare Kriterien, anhand derer sie den Unterricht und einzelne Lehrkräfte beurteilen.
- Man kann nicht ausschließen, dass Schülerinnen und Schüler „erwünschte" Antworten und Gefälligkeitsaussagen geben oder in Einzelfällen auch negative Übertreibungen vornehmen.
- Die Beliebtheit oder Unbeliebtheit einer Lehrkraft kann differenzierte Angaben zu einzelnen Facetten der Unterrichtsqualität überlagern.

Als alleiniger Gradmesser zur Überprüfung von Unterrichtsqualität sind Schülerrückmeldungen aus diesen Gründen nicht geeignet. Will man beispielsweise im Rahmen von Schulevaluation die Qualität von Unterricht in bestimmten Fächern untersuchen, sind Schülerrückmeldungen ein notwendiges, aber sicherlich nicht alleine hinreichendes Mittel, um zu aussagekräftigen Ergebnissen zu kommen. Hier müssen neben den Einschätzungen und Sichtweisen der Schüler auch die tatsächlich erreichten Lernergebnisse herangezogen werden, beispielsweise das Abschneiden bei Lernstandserhebungen oder Parallel- beziehungsweise Vergleichsarbeiten. Die Stärke von Schülerfeedback liegt vor allem darin, Unterrichts- und Klassenentwicklung voranzubringen. Für die „summative Evaluation der Unterrichtsqualität einzelner Klassen sind sie dagegen sehr eingeschränkt" (HELMKE 2003, S. 167) geeignet.

Schülerfeedbacks dürfen keine leeren Rituale werden. Schülerrückmeldungen sind bislang in Deutschland kaum Bestandteil der Schul- und Unterrichtskultur. Deshalb müssen entsprechende Verfahren von allen Beteiligten eingeübt und erprobt werden. Dies erfordert auch, Routinen dafür aufzubauen, Verfahren und Methoden zu wiederholen und Rückmeldungen selbstverständlich zu machen. Hier bewegt man sich allerdings auf einer

Gratwanderung. Gerade weil das Etablieren von Schülerrückmeldungen im Grunde einer (Schul-)Kulturveränderung gleichkommt, besteht die Gefahr, dass sich die neuen Instrumente verselbstständigen und zum Selbstzweck werden. Vor allem bei der Verwendung von Feedback-Fragebögen haben wir solche Ritualisierungen beobachtet:

- Es ist leicht, Fragebögen zu finden,
- schwieriger ist schon, einen geeigneten Fragebogen zu finden.
- Noch schwieriger ist es, einen vorhandenen Fragebogen auf die eigene Situation hin anzupassen oder gar selbst einen zu entwickeln.
- Noch schwieriger ist es, den Fragebogen erfolgreich einzusetzen.
- Noch schwieriger wird die Auswertung.
- Am schwierigsten ist die sinnvolle Nutzung der Ergebnisse.

Ein guter Fragebogen verspricht deshalb noch lange keinen „guten" Feedbackprozess. Viel wichtiger als die Frage der konkreten Gestaltung ist unseren Erfahrungen nach die Beantwortung der Frage: Warum wollen wir Rückmeldungen von Schülern bekommen? Was soll damit erreicht werden? Die Methoden dürfen sich nicht verselbstständigen, sondern sie müssen immer im Dienste der Ziele eingesetzt werden.

Schülerfeedbacks dürfen nicht ohne Berücksichtigung der Schulsituation durchgeführt werden. Jede und jeder kann mit Schülerfeedbacks in seinen Klassen beginnen. Dies erfolgt allerdings nie voraussetzungslos. Sie werden durchgeführt in einer bestimmten Situation mit Beteiligten, die eine gemeinsame Geschichte haben. Indirekt können bei Schülerfeedbacks immer auch Kollegen betroffen sein. Beispielsweise dadurch, dass die Schüler davon erzählen und entsprechende Verfahren bei anderen einfordern oder dadurch, dass bewusst oder unbewusst von Schülerinnen der Unterricht bei Herrn x immer auch im Unterschied zum Unterricht bei Frau y bewertet wird. Die Gestaltung von Schülerrückmeldungen unterliegt der jeder Schule innewohnenden Mikropolitik. Durchführung von Schülerfeedbacks kann deshalb von anderen als Macht- oder Konkurrenzkampf missverstanden oder als bewusst eingesetztes moralisches Druckmittel („Jetzt soll ich das wohl auch machen!") erlebt werden. Diese Reaktionen können selbstverständlich kein Grund sein, sich nicht auf den Weg zu machen. Unseren Erfahrungen nach ist es aber nicht nur wichtig, bei Schülerrückmeldungen Normen und Spielregeln zwischen Klasse und Lehrkraft zu klären, sondern auch innerhalb des Kollegiums für Transparenz über Ziele, Verfahren und Erfahrungen mit Schülerfeedback zu sorgen.

Wie funktioniert Schulentwicklung *mit* Schülern?

Bevor wir eine Reihe unterschiedlicher Verfahren und Methoden zu Durchführung von Schülerrückmeldungen vorstellen, wollen wir einige Basismaterialien anbieten, die auf den Punkt gebracht zeigen, was bei Planung und Durchführung von Schülerfeedbacks wichtig ist.

Grundlagen für Planung und Durchführung von Schülerrückmeldungen

Wer erfolgreich Schülerrückmeldungen gestalten will, sollte sich aus unserer Sicht an Grundschritten orientieren, die sich in vergleichbarer Form auch bei der Vorbereitung und Gestaltung von Maßnahmen zur schulinternen Evaluation (vgl. BURKARD/EIKENBUSCH 2000) bewährt haben. Wenn man so will, ist ein Schülerfeedback eine spezielle Form von Evaluation. Evaluation – so eine verbreitete Definition – „ist die systematische Sammlung, Analyse und Bewertung von Informationen über die schulische Arbeit. Sie hat das Ziel, zu gesicherten Beschreibungen zu kommen, Bewertungen nach klaren Kriterien durchzuführen und Entscheidungen über die Weiterentwicklung dieser Arbeit zu treffen." (MSWWF 1998, S.19). Und genau das soll auch mit systematischem Schülerfeedback erreicht werden. Wer ein Schülerfeedback plant, sollte Antworten auf Grundfragen entwickeln:
1. Was sind die Ziele und Fragestellungen des Schülerfeedbacks?
2. Welche Spielregeln und Normen sollen bei der Durchführung gelten?
3. Welche Methoden und Verfahren sollen eingesetzt werden?
4. Wann und wie soll die Durchführung erfolgen?
5. Wie erfolgt die Auswertung und Analyse von Ergebnissen?
6. Wie sollen Konsequenzen aus den Rückmeldungen der Schüler gezogen werden?

Diese Fragen orientieren sich an einem idealtypischen Ablauf eines Schülerfeedbackprozesses, der durch sechs Schritte gekennzeichnet ist.

6 Schritte: Idealtypischer Ablauf eines Schülerfeedbacks

Schritt 1: Ziele und Fragestellungen definieren

Klarheit der Ziele und der Interessen, die mit einem Schülerfeedback verbunden werden, sind entscheidende Voraussetzungen für dessen Erfolg. Je deutlicher den Schülern und weiteren Beteiligten ist, was erreicht werden soll und welche Konsequenzen zu erwarten sind, umso größer sind die Chancen, dass die Sache ernst genommen wird und offene Antworten gegeben werden. In einem ersten Schritt sollte gemeinsam geklärt werden:

- Warum werden von den Schülern Rückmeldungen erbeten?
- Was soll mit den Informationen erreicht werden?
- In welchem Zusammenhang steht das Schülerfeedback?

Fragen kann *man* sehr vieles. Entscheidend ist, was *ich* fragen will: Wichtig ist beim Feedback, ein eigenes Forschungsinteresse zu entwickeln, das heißt, eigene Fragestellungen zu Themen oder Problemstellungen zu formulieren, an denen die Lehrkraft oder die Klasse arbeitet und wo neue Informationen wichtig sind. Je klarer ich weiß, was ich wissen möchte, desto leichter fällt erfahrungsgemäß die Auswahl beziehungsweise Gestaltung der geeigneten Methode für das Feedback.

Schritt 2: Ablauf festlegen, Spielregeln für Durchführung vereinbaren

Wohl noch wichtiger als bei anderen Formen der Evaluation ist beim Schülerfeedback, dass mit den Beteiligten vereinbart wird, nach welchen Regeln vorgegangen wird und welche Normen gelten sollen. Wer Feedback gibt, muss beispielsweise wissen, wie seine Aussagen weiter-bearbeitet werden und wer Einsicht in Daten erhalten soll. Darüber hinaus sollte geprüft werden, in welcher Form (Kollegen, Schulleitung) sinnvollerweise über das Vorhaben informiert wird.

Schritt 3: geeignete Verfahren und Methoden auswählen

Zur Durchführung von Schülerfeedbacks stehen eine Fülle von Verfahren zur Verfügung (vgl. S. 72–118) Die Auswahl eines geeigneten Verfahrens hängt unter anderem ab von den Zielen des Feedbacks, den Voraussetzungen und Traditionen der Klasse und dem Aufwand, der damit verbunden ist.

Planung und Durchführung von Schülerrückmeldungen

Schritt 4: Feedback durchführen

Nicht jede Situation ist geeignet, Feedback zu geben. Wichtig ist ein Rahmen, der es allen Beteiligten ermöglicht, mit Ernsthaftigkeit und auch Gelassenheit das Feedback durchzuführen. Dazu gehören beispielsweise ein ausreichender Zeitrahmen und die Möglichkeit, sich auf das Feedback konzentrieren zu können.

Schritt 5: Ergebnisse auswerten und analysieren

Bei der Auswertung der Ergebnisse sollte man unterscheiden zwischen einer Phase der technischen Auswertung und der kommunikativen Analyse der Daten/Ergebnisse. Unter technischer Auswertung ist die Aufarbeitung von Daten zu verstehen, beispielsweise Auszählung der Ergebnisse eines Fragebogens beziehungsweise Zusammenstellung von Schülerantworten. An der inhaltlichen Bearbeitung und Analyse der Daten sollten möglichst alle Beteiligten mitwirken. In dieser Phase geht es um die entscheidenden Fragen: Was bedeuten die Daten für die Situation der Klasse? Welcher Handlungsbedarf und welche Konsequenzen ergeben sich aus den Ergebnissen? Welche Erkenntnisse lassen sich formulieren?

Schritt 6: Konsequenzen ziehen, Handlungsplanung vereinbaren

Schließlich geht es darum, Konsequenzen zu ziehen und konkrete Schritte als Folge des Feedbacks zu unternehmen. Wenn beispielsweise Schülern nicht deutlich wird, was aus einem Feedback folgt, kann die Bereitschaft, erneut dabei mitzumachen, schnell erlahmen.

Bei der Suche nach Zielen und Fragestellungen für ein Feedback gibt es grundsätzlich zwei Suchrichtungen: Man kann sich durch bereits vorhandene Instrumente oder durch Ergebnisse der Unterrichts- und Schulforschung anregen lassen oder direkt bei der eigenen Arbeit beginnen:

> **Brainstorming: Ziele und Fragestellungen für ein Feedback finden**
>
> 1. Denken Sie an die Situation mit Ihrer Klasse im letzten Schulhalbjahr und vervollständigen Sie die folgenden Sätze:
>   - Ich weiß nicht, warum ... _____
>   - Ich bin verblüfft darüber, dass ... _____
>   - Darüber habe ich mich immer wieder geärgert ... _____
>   - Darüber habe ich mich besonders gefreut ... _____
>   - Das möchte ich gerne verändern ... _____
>   - Dabei bin ich mir unsicher ... _____
>
> 2. Was wollen Sie zu den von Ihnen genannten Bereichen von Ihren Schülerinnen und Schülern wissen? _____
>
> 3. Wählen Sie einen Bereich für das Schülerfeedback aus, der den folgenden Kriterien entspricht:
>   a) *Handlungsspielraum*: Kann ich in dieser Sache wirklich etwas tun? Habe ich Handlungs- und Einflussmöglichkeiten oder bin ich hier von anderen Personen abhängig?
>   b) *Bedeutsamkeit*: Wie wichtig ist die Sache für mich und meine Klasse? Betrifft der Bereich wichtige pädagogische und erzieherische Fragen?
>   c) *Bearbeitbarkeit*: Schaffe ich hier etwas zu verändern? Ist in einem überschaubaren Zeitraum mit Erfolgen zu rechnen?
>   d) *Verträglichkeit*: Wie gut passt das Vorhaben zu den Unterrichtszielen und der Situation der Klasse?
>
> (nach ALTRICHTER/POSCH 1990, S. 46 f.)

Vor dem Beginn eines Schülerfeedbacks muss man für sich klären, auf was man sich als Lehrkraft einlässt, ob man die grundlegenden Normen und Spielregeln einhalten kann (vgl. S. 50 ff.).

Die Wahl einer geeigneten Methode für ein Schülerfeedback hängt nicht nur von sachlichen Kriterien ab, sie wird auch oft durch Rahmenbedingungen und das Klima bestimmt, in dem das Feedback erfolgen soll. Die beste, kreativste und präziseste Methode für ein Feedback führt nicht weiter, wenn sie bei den Schülern auf Widerstand stößt oder schon abgenutzt ist. Zu bedenken ist auch, dass mit Schülerrückmeldung immer auch ein Lernprozess der Beteiligten darüber verbunden ist, wie man einen Lern-Dialog führen kann. Methoden haben also Vorbild- und Beispiel-Charakter.

> **Prüfliste für die Auswahl von Methoden für das Feedback**
> - Macht die Methode neugierig und regt an?
> - Ist der notwendige Aufwand zu leisten?
> - Liefert die Methode schnell und anschaulich Ergebnisse zu den vereinbarten Fragestellungen?
> - Ist das Verfahren praktikabel und praxisverträglich?
> - Verträgt sich die Methode mit der Kultur unserer Klasse/Schule?
> - Ist das Verfahren einfach zu verstehen und von den Beteiligten leicht anzuwenden?

Damit die Durchführung eines Feedbacks auch gelingt, sollte man sehr genau darauf achten, dass günstige Rahmenbedingungen bestehen. Ein sorgfältig vorbereitetes Feedback kann allein schon dadurch ungünstig beeinflusst werden, dass es in der 6. Stunde, nach einer mehrstündigen Klassenarbeit, durchgeführt wird ...

> **Bei der Durchführung von Feedbacks sollte man beachten**
> - *Zeitpunkt* richtig wählen: nicht direkt nach der Klassenarbeit, nicht am letzten Schultag vor den Ferien, nicht als Lückenfüller zwischen vermeintlich Wichtigerem
> - *Klima* in der Klasse berücksichtigen: nicht zum ersten Mal mit Feedbacks beginnen, wenn beispielsweise ein offener Konflikt aktuell ist
> - *Methoden anpassen,* kein Methodenperfektionismus: gute Methoden sind wichtig, aber keine Garantie für Erfolg
> - *Bereitschaft der Beteiligten erkunden:* Feedback nur dann durchführen, wenn zu erwarten ist, dass die Sache ernst genommen wird
> - *Schlanke Verfahren wählen:* Feedback darf nicht zu aufwändig sein, die eingesetzten Verfahren müssen von den Beteiligten leicht bewältigt werden können

Viel Mühe verwenden die Beteiligten oft auf die Planung und Durchführung von Feedbacks, machen diese aber wieder zunichte durch zu kurze oder zu strukturierte Auswertungen und/oder fehlende, aus den Auswertungen abgeleitete Zielvereinbarungen. Grundsätzlich sind zwei Formen der Auswertung eines Feedbacks möglich: Bei der offenen Auswertung stellt der Lehrer gemeinsam mit der Klasse die Ergebnisse zusammen und ordnet sie nach vorher festgelegten Kategorien und Kriterien oder er sucht nach einem Auswertungssystem. Gerade bei Auswertungen von Interviews oder auch Angaben zu offenen Fragen ist eine Zuordnung von Angaben zu einzelnen Kategorien/Kriterien wichtig, um eine Struktur in den Angaben erkennen zu können. Damit die Klasse der offenen Auswertung folgen beziehungsweise sich an ihr beteiligen kann, muss der Lehrer zum Beispiel Raster vorbereiten und schon bei der Planung des Schülerfeedbacks darauf achten, dass die Menge der gestellten Fragen beziehungsweise Antworten durch die Klasse in höchstens einer Doppelstunde zu bearbeiten ist.

Die geschlossene Auswertung wird von der Lehrkraft außerhalb der Klasse durchgeführt. Hier können dann auch umfangreichere Befragungen – falls notwendig – mit statistischen Verfahren ausgewertet werden. Geschlossene Auswertungen stellen bei der Datenrückmeldung häufig hohe Anforderungen: Die Klasse muss die Strukturierungs- und Auswertungsschritte nachvollziehen und annehmen können. Insbesondere bei geschlossenen Auswertungen mit Hilfe von Datenverarbeitungsprogrammen ist Vorsicht geboten. Viele der von den Programmen fast automatisch ausgeworfenen Werte können von Schülern nicht nachvollzogen beziehungsweise in ihrer Aussagekraft gewichtet werden.

Der eigentliche **Rückmeldeprozess** der gesammelten Daten/Informationen sollte immer in vier Schritten erfolgen:

Schritt 1: Rückblick
Wie ist das Feedback abgelaufen? Wie wurden bestimmte Fragen/Verfahren (nicht) verstanden? Waren die Fragen/Instrumente verständlich? Welche Daten haben wir? Was müssen wir bei der folgenden Analyse und Bewertung beachten (zum Beispiel im Hinblick auf Aussagefähigkeit der Daten)?

Schritt 2: Präsentation der Daten, Strukturierung und Analyse
Sowohl bei offenen wie auch bei geschlossenen Auswertungen werden zuerst die Daten präsentiert; es wird unter Umständen erläutert, wie sie ausgewertet und nach welchen Kategorien sie aggregiert wurden. An die noch unstrukturierte Sichtung schließt sich eine Strukturierung an, die durch Impulsfragen angeregt werden kann:

Planung und Durchführung von Schülerrückmeldungen 71

- Welche drei Ergebnisse überraschen am meisten?
- Wo sind die höchsten/niedrigsten Werte?
- Welche Aussagen kommen oft/selten vor?
- Wo sind Schwerpunkte?
- Welche Ergebnisse sind unklar, wo muss weiter nachgefragt werden?

Dann muss eine Zusammenfassung erfolgen: Was sind die zentralen Aussagen des Feedbacks? (3 bis 10 Thesen genügen)

Schritt 3: Bewertung
Der deutlichen Trennung von Auswertung/Analyse und der auf sie aufbauenden Bewertung wird häufig nicht genügend Aufmerksamkeit geschenkt, zu schnell werden Analyse- und Bewertungsschritte miteinander vermischt. Erst die zentralen Aussagen beziehungsweise Ergebnisse der Rückmeldung zu formulieren und sie dann zu bewerten, hilft, vorschnelle Werturteile zu vermeiden und macht vor allem die eigene Position deutlich. Wenn die Bewertung klar abgegrenzt von der Analyse erfolgt, können auch eventuelle Bewertungsunterschiede – bei gleichem Analyseergebnis – besser erkannt werden. Hilfreich für die Bewertung sind die folgenden Impulsfragen:

- Welches Ergebnis freut mich besonders?
- Welches Ergebnis bereitet mir am meisten Sorgen?
- Welche Ergebnisse bestätigen unsere Praxis deutlich?
- Wo besteht der dringendste Handlungsbedarf?
- Wo bestehen die größten Handlungsmöglichkeiten?

Schritt 4: Konsequenzen ziehen, Handlungsplanung
Hier ist abschließend verlangt, die Bewertungen im Hinblick darauf zu gewichten, wie wichtig sie für die kommende Arbeit sind und ob sie sich auf Bereiche beziehen, in denen überhaupt Veränderungsmöglichkeiten bestehen. Auch wenn sehr ergiebige Feedbacks vorliegen, sollte man sich bei der Handlungsplanung auf das machbare Maß für einen absehbaren Zeitabschnitt beschränken. Um prüfen zu können, ob die Handlungsplanung erfolgreich war, sollten auch Erfolgskriterien formuliert werden.

> **Beispiel: Konsequenzen nach einem Feedback mit Schülern**
>
> 1. Schreibe auf jeweils eine Karte:
>   a) Was sollte in unserer Klasse im nächsten Schulhalbjahr anders werden? Nenne höchstens zwei Dinge:
>   1.) _____
>   2.) _____
>   b) Was kannst du dafür tun, dass es so wird? _____
>
> 2. Bitte fülle das Raster aus:
>
> | | Was soll anders werden? | Was soll so bleiben? |
> |---|---|---|
> | in der Klasse | | |
> | im Unterricht von Herrn xy | | |
>
> 3. Wenn wir das nächste Mal ein Feedback durchführen, über welches Ergebnis würdest du dich dann am meisten freuen?

Verfahren für Schülerfeedbacks/-rückmeldungen

Mini-Verfahren zur Bestandsaufnahme: Was ist hier eigentlich los?

„Leute, was ist hier eigentlich los?" – Auslöser dieser Standard-Lehrerfrage ist manchmal die pure Verzweiflung, wenn etwas nicht läuft oder etwas Unvorhergesehenes geschieht. Oft ist diese Frage aber schlicht und einfach Ausdruck von Verwunderung oder Unsicherheit. Was wirklich im Unterricht (auf seiner Vorderbühne des Lehrers und den Neben- und Seitenbühnen der Schüler) passiert und welche Wirkungen der Unterricht zeitigt, darüber wissen Lehrkräfte relativ wenig Genaues, meist können sie nur Rückschlüsse ziehen aus Reaktionen und Leistungen. Wird die Frage offen gestellt, kommt von den Schülern häufig nur ein Schulterzucken, eine kurze Angabe: Sie wissen ja nicht, was der Lehrer mit seiner Frage erreichen will.

Verfahren für Schülerfeedbacks/-rückmeldungen

Eine Bestandsaufnahme zu machen und von Schülern zu erfahren, was im Unterricht passiert, ist ein sehr ergiebiger Ausgangspunkt für Schul- und Unterrichtsentwicklung. Bestandsaufnahme hört sich einfach an, ist aber eine Sache für sich. Die Kunst einer Bestandsaufnahme besteht darin, sich zu beschränken und wirklich nur zu untersuchen, wie etwas abgelaufen ist oder was getan wurde. Meinungen, Einschätzungen oder Bewertungen sind hier (noch!) nicht gefragt, sondern es geht vorrangig um Informationen über Abläufe und Ereignisse.

Die einfachste Form der Bestandsaufnahme ist die *Auswertung von Dokumentationen*, insbesondere von Schülerheften, Klassenbüchern und Protokollen. Bei Schülerheften empfiehlt es sich, die ersten beiden Seiten immer für ein Inhaltsverzeichnis freihalten zu lassen, um später dann schneller auswerten zu können, was zu welchem Thema gearbeitet wurde. Klassenbücher können als Grundlage für Klassenchroniken benutzt werden, an Wandzeitungen können die Themen/Aufgaben der Woche notiert werden. In Schulen mit einer Sekundarstufe II können Schüler ein Statistik-Projekt übernehmen, in dem sie wichtige Bereiche der Schule untersuchen. Ziel ist jeweils, sich einen Überblick zu verschaffen, was in einem bestimmten Zeitraum in der Klasse geschah. Den Schülern diese Aufgabe zu geben, macht aus Lehrersicht insbesondere dann Sinn, wenn man feststellen will, welche Unterrichtsschritte die Schüler überhaupt wahrgenommen haben, was bei ihnen angekommen ist.

Eine weitere Möglichkeit der Bestandsaufnahme besteht darin, *Schüler* bei Referaten oder Hausaufgaben *kurz/stichwortartig berichten zu lassen*: In welchen Arbeitsschritten hast du die Aufgabe erledigt?

Ein klassisches, aber leider viel zu selten eingesetztes Mittel der Bestandsaufnahme ist die *Unterrichtsrückschau*, wenn am Ende einer Stunde aus Schülersicht rekonstruiert wird, wie die Schritte einer Stunde verlaufen sind. Unterrichtsrückschau vermittelt den Schülern auf mittlere Sicht auch ein angemessenes Vokabular und Wissen zur Beschreibung von Unterrichtsstunden und damit auch zur Unterrichtsbeobachtung.

Kreative Möglichkeiten der Bestandsaufnahme bietet die *Dokumentation von Arbeitsergebnissen mit Hilfe von Digitalkameras* und *Wandzeitungen*. Zu den häufig vorkommenden Fehlern gehört hier allerdings der sorglose Umgang mit Schülerprodukten, wenn Wandzeitungen später einfach weggeworfen werden, „weil wir eine neue machen", oder wenn sie ein halbes Jahr unbeachtet in der Klasse hängen bleiben, weil sich niemand mehr dafür interessiert.

Bestandsaufnahmen können, wie beschrieben, eher auf den Unterricht insgesamt zielen, um dann herauszufinden, welchen Aspekten man sich besonders widmen will. Sie können aber auch schon von Anfang an auf bestimmte Bereiche fokussieren. So können beispielsweise je zwei Schüler – nach einer Einführung in das Verfahren – eine *Unterrichtsstunde beobachten* und entsprechend auswerten.

Was passiert im Unterricht? – Ein Stundenprotokoll

1. Mache einen Strich

a) für jede Minute, in der etwas gemacht wird, das nicht direkt mit dem Lernen zu tun hat (Organisation, Listen, Disziplin …)

b) für jedes Mal, wenn der Lehrer jemanden zum Lernen auffordert

c) für jede Frage deines Lehrers

d) für jede Antwort, die vom Lehrer als richtig gelobt wird

2. Schreibe in Stichworten in diese Liste, was in den jeweiligen Zeitabschnitten in der Klasse passierte (Welche Aufgaben/Arbeitsschritte erledigten Schüler und Lehrer?)

1–10

11–20

21–30

31–40

41–45

3. Was kam am häufigsten in der Stunde vor?

Besonders interessant werden solche Bestandsaufnahmen, wenn vor der Beobachtung vom Lehrer beziehungsweise von den Schülern Vermutungen geäußert werden, wie denn die Ergebnisse bei den einzelnen Fragen sein werden, und wenn man dann nach Durchführung der Beobachtung einen Vergleich durchführt. Die Lehrkraft kann dann die Protokolle mehrerer Stunden (evtl. mit Schülern) auswerten und mit der eigenen Sichtweise und den Erwartungen vergleichen.

Verfahren für Schülerfeedbacks/-rückmeldungen

Mit Hilfe einer Bestandsaufnahme kann man auch untersuchen, ob bestimmte Dinge bei den Schülern bekannt beziehungsweise internalisiert sind und wo man Regeln verdeutlichen beziehungsweise etablieren muss:

Arbeitskultur in der 4. Klasse		
In meiner Klasse weiß ich ...	**ja**	**nein**
wo sich Arbeitsblätter (Aufgaben, Übungsmaterialien) befinden		
welche Arbeitsmittel ich für die Fächer mitbringen muss,		
wann die AGs stattfinden		
wann ich Tafeldienst/Ordnungsdienst habe		
wo/wann ich Hilfe bekommen kann, wenn ich etwas nicht verstehe		
was als Nächstes im Unterricht drankommt		
was mein Lehrer von mir erwartet		
was passiert, wenn ich Regeln (...) nicht beachte		
wann die nächste Arbeit/Test kommt		

Ein kontinuierliches Schülerfeedback in der Klasse kann man auch mit Hilfe eines *Klassen-Logbuchs* erreichen. Jede Woche erhält ein Schüler oder eine Schülerin die Aufgabe, eine Logbucheintragung anzufertigen. Der Logbuch-Ordner bleibt immer in der Klasse und kann bei Klassengesprächen und Diskussionen herangezogen werden.

Als Grundstruktur des Logbuchs hat sich bewährt:
1. Grundinformationen: Was geschah (aus welchem Anlass)? Was waren die Unterrichtsinhalte beziehungsweise Methoden? Gab es besondere Ereignisse/Anlässe?
2. Ausführlichere Darstellung eines Ereignisses: ‚Meine Stunde der Woche'
3. Produkte, Ergebnisse
4. Meinungen, Einschätzungen: Hier können offene Formen (zum Beispiel Kommentare, Zeichnungen) wie auch geschlossene Formen (zum Beispiel Fragebogen) genutzt werden. Fragebögen (vgl. S. 82f.) können so angelegt werden, dass sie die Bewertungen eines längeren Zeitraums erfassen:

Wie war die Woche in unserer Klasse?					
Gib jeweils an, wie du die Woche in der Klasse fandest. Verwende nur die Symbole: ++ + +/– – ––		5. KW	6. KW	7. KW	8. KW
(Trage hier deine Initialen ein)					
1. Wir haben Neues gelernt.					
2. Die Stimmung (das Arbeitsklima) in der Klasse war …					
3. …					

Unter welchen Bedingungen lernen wir gut?
Den Kontext erforschen

Über die Bedingungen, unter denen es sich gut lernen lässt, bestehen bei Lehrkräften eine Menge (ungeprüfter) Alltagstheorien. So wird allgemein angenommen, dass zum Beispiel Ruhe, Ordnung, Konzentration und Beachtung der Arbeitsaufträge zu den günstigen Bedingungen gehören, unter denen Schüler gute Leistungen erbringen. Gleichermaßen geht man davon aus, dass eine gute Schüler-Lehrer-Relation, eine gute Ausstattung der Schule und gute Lehrmittel die Schülerleistungen verbessern.

Fragt man jedoch Schülerinnen und Schüler, unter welchen Bedingungen sie am besten lernen, bekommt man oft ganz andere Antworten. Sie behaupten, sie würden am besten bei Musik lernen oder wenn sie herumlaufen dürften. Wenn Schulentwicklung *mit* Schülern eine gemeinsame Arbeit an der Verbesserung der Arbeits- und der Lernbedingungen in der Schule ist, macht es natürlich Sinn, die Sichtweise der Schüler über Bedingungen für gutes Lernen zu erfragen und gegebenenfalls – auch mit ihnen – neue Wege zu suchen.

Verfahren für Schülerfeedbacks/-rückmeldungen 77

Man kann dies mit Hilfe der folgenden drei Impulsfragen versuchen:

Nenne bitte aus deinem Unterricht jeweils drei Dinge ... (Beispiel)	
die du gern machst:	*mit Freunden arbeiten, etwas erforschen, etwas sammeln/ordnen*
die du gerne häufiger machen würdest:	*Partnerarbeit, malen, Rollenspiele, Vorlesen*
die du nicht so oft machen möchtest:	*Hausaufgaben, Arbeitsblätter ausfüllen, Wiederholung von Bekanntem*

Als Leitfrage für die Auswertung bietet sich an: Was hindert mich als Lehrer (beziehungsweise die Klasse) daran, das umzusetzen, was die Schüler gern tun würden? Gleichzeitig in mehreren Klassen durchgeführt, bieten die Antworten der Schüler auf die Impulsfragen eine gute Unterlage für die Weiterarbeit am Schulprogramm: Dann muss allerdings noch in der Lehrergruppe/im Kollegium ein vorbereitender Schritt geleistet werden. Die Lehrer beantworten eine Reihe von Fragen (offen oder anonym):

Unser Unterricht: ... (Beispiel)	
Die folgenden Unterrichtsformen wende ich am häufigsten an (Begriff/Beispiel):	*... Lehrervortrag, Lehrererzählung*
Diese Unterrichtsformen aktivieren meine Schüler am meisten und regen sie an:	*... Gruppenarbeit*
Diese Unterrichtsformen (die ich nicht angewendet habe) könnten für meine Schüler auch gut geeignet sein:	*... Partnerarbeit*
Das hindert mich daran, diese Unterrichtsformen auszuprobieren:	*... enge Räume, keine Gruppenräume*

Die Gegenüberstellung der Antworten der Schüler und der Angaben der Lehrer kann ausgewertet werden mit Hilfe der Frage: Was hindert uns daran, gewünschte und Erfolg versprechende Vorschläge umzusetzen? Wie können wir Schwierigkeiten beseitigen?

Schwierigkeiten	
können behoben werden:	*fehlendes Material*
können nicht behoben werden:	*Raumnot, fehlende finanziellen Ressourcen*

Ein unaufwändiges Verfahren zur Analyse der Lern- und Unterrichtsbedingungen ist es, einem Schüler oder einer Schülergruppe für eine bestimmte Zeit einen so genannten Schatten (zum Beispiel Referendar, Kollege) mitzugeben, der dokumentiert, wie Schüler reagieren und was sie leisten, wenn sie auf folgende Bedingungen stoßen.

Was geschah bei ...
Selbstständigkeit/starker Anleitung:
Leistungsanreizen:
Leistungsdruck:
Über-/Unterforderung:
geringer/hoher Disziplin:
Klarheit/Unklarheit der Arbeitsaufträge:
Unterstützung durch Lehrer/Schüler:
Aufmerksamkeit / Abgelenktheit:
klaren/unklaren Regeln:
(Un-) Zufriedenheit:
guter/schlechter Lehrer-Schüler-Beziehung:
guter/schlechter Schüler-Schüler-Beziehung:

Es ist ratsam, sich auf Einflussfaktoren zu konzentrieren, die unmittelbar mit dem Lernprozess verknüpft sind. Eine Untersuchung von Bedingungsvariablen aus dem Kontext der Schule beziehungsweise der Umgebung und des Elternhauses ist in der Regel zu aufwändig und – nach dem Leitsatz: Untersuche nur, was du auch beeinflussen kannst – auch nicht angebracht.

Ein Problem von Untersuchungen des Lernkontextes kann darin bestehen, dass Unterricht überkomplex erscheint oder man sich auf Lernbedingungen fokussiert, die nicht von den Lehrern beeinflussbar sind. Hier hilft es, sich bei der Auswertung auf höchstens zwei der Einflussfaktoren zu konzentrieren und die ‚Zauberfrage' zu stellen: Was würde sich in einem Jahr in unserem/meinem Unterricht verändern, wenn dieser Einflussfaktor ab morgen ganz anders wäre?

Schülerfeedback in neuen Klassen starten: Schreibkonferenzen

Besonders in neu zusammengesetzten Klassen oder Gruppen (5. Klasse oder Jahrgangsstufe 11) fällt es Schülern zuerst schwer, sich über ihre Einschätzungen und Sichtweisen zu verständigen. Eine Erleichterung können hier Schreibkonferenzen sein, wenn Schüler sich gegenseitig Briefe oder E-Mails schreiben. Hilfreich ist es, hier vorab bestimmte Themenbereiche oder Fragestellungen zu verabreden, zum Beispiel: „An der Zusammenarbeit im Kurs finde ich ...", „Am Thema xy interessiert mich ...", „Richtig engagiert bin ich, wenn Folgendes im Unterricht passiert ...". Die Briefe können an einzelne Adressaten innerhalb des Kurses gegeben werden. Leichter ist es, wenn man die Briefe unter den Schülern anonym austauscht und andere Schüler dann die ersten Schüleräußerungen kommentieren. Bei E-Mails könnten die gespeicherten Mails des Kurses anonym zusammengestellt und beantwortet werden. Die Lehrkraft kann zu einzelnen Fragen/Aussagen Stellung nehmen. Ein Vorteil des Brief-Feedbacks ist, dass Schüler mehr Zeit haben, sich Antworten zu überlegen, und zu fundierteren Einschätzungen kommen. Schüler können in ihren Briefen auch Themen/Fragen für die nächste Brief-Runde vorschlagen.

Feedbackgeben trainieren: Aquarium und Gruppeninterview

Feedback zu geben – und zu nehmen – muss trainiert werden. Hierzu kann man in regelmäßigen Abständen mit einer Teilgruppe eine Unterrichtsauswertung in Form des Fishbowl durchführen. Mehrere (drei bis fünf) Schüler setzen sich in einen Stuhlkreis in der Mitte des Raumes, ein Stuhl bleibt frei. Die Schüler im Innenkreis diskutieren vor den Mitschülern vorher vereinbarte Fragen zum Unterricht. Wer von den Beobachtern sich an der Diskussion beteiligen will, kann sich für kurze Zeit auf den freien Stuhl setzen. Zwei

Schüler beobachten das Gespräch und versuchen unabhängig voneinander, wichtige Aussagen zu dokumentieren. Am Ende der Auswertung tragen sie ihre Aufzeichnungen/Eindrücke vor und ergänzen oder korrigieren sie. Beim nächsten Fishbowl kann auf diese Aufzeichnungen (am Ende) zurückgegriffen werden. – Eine Variante dieses Verfahrens ist das Gruppeninterview durch den Lehrer: Hier interviewt der Lehrer eine Schülergruppe (maximal fünf Personen), gibt Gesprächsanreize und Assoziationen zu vereinbarten Fragestellungen, während der Rest des Kurses beobachtet. Die Auswertung des Interviews findet in der Lerngruppe statt.

Vom Glanz und Elend der Fragebögen

Das wohl bekannteste Verfahren für Schülerfeedbacks sind Fragebögen. Auf der einen Seite sind sie ein sehr praktikables und einfaches Verfahren, was ihre Erstellung und ihren Einsatz angeht, auf der anderen Seite sind sie aber – insbesondere was ihre Auswertung und Analyse betrifft – durchaus schwierig und zum Teil auch aufwändig. Wir möchten deshalb einige grundsätzlich zu beachtende Hinweise für den Einsatz von Fragebögen bei Schülerfeedbacks geben (zur Konstruktion von Fragebögen allgemein vgl. BURKARD/EIKENBUSCH 2000):

- *Fragen sorgfältig und schülerbezogen entwickeln beziehungsweise auswählen:* Inzwischen liegt aus unterschiedlichen Projekten und Zusammenhängen eine kaum noch überschaubare Zahl von Fragebögen vor, aus denen Lehrkräfte sich bedienen können. Oft verführt die Menge und die gute Gestaltung von Fragebögen dazu, mehr Fragen auszuwählen, als man ursprünglich wollte und als die Klasse im vorgegebenen Zeitrahmen überhaupt bewältigen kann. Deshalb ist es wichtig, vor der Zusammenstellung von Fragebögen Auswahlkriterien für die Fragen festzulegen und den Zusammenhang der Befragung zu klären. Hierzu eignet sich das Planungsraster „Schülerfeedback planen" (vgl. S. 65). Bei der Auswahl von Items ist besonders zu beachten, dass sie für Schüler eindeutig und verständlich sind. Um das sicherzustellen, sollte man den Fragebogenentwurf gegebenenfalls mit Schülervertretern durchgehen oder einen Probelauf durchführen. Dass in vielen Fragebögen dieselben Fragen gestellt werden, ist übrigens noch kein Beleg für deren Bedeutung oder Gültigkeit.
- *Fragebogen begrenzen:* Hier geht es um eine quantitative Begrenzung (lieber zehn Fragen pro Fragebogen und dafür ein häufigerer Einsatz des Instruments als ein umfangreicher und selten eingesetzter Fragebogen) und

um eine inhaltliche Eingrenzung. Fragebögen sollten nur dazu etwas abfragen, wo Handlungsmöglichkeiten und -bedarf bestehen. Wenn zehn richtige und wichtige Fragen gestellt werden, bedeutet dies unter Umständen schon einen zehnmaligen Handlungsbedarf ...

- *Seriöse Durchführungsbedingungen schaffen:* Insbesondere wenn ein Schülerfeedback in der ganzen Schule erhoben wird, muss man in allen Klassen dafür sorgen, dass der Fragebogen auch ernst genommen wird. Wenn Schüler nicht die Bedeutung und Konsequenzen des Fragebogens kennen, geraten sie schnell in die Gefahr, nachlässig oder ostentativ oberflächlich Antworten zu geben. Nicht die Antworten sind dann das Schülerfeedback, sondern die Art und Weise, wie sie gegeben wurden. Seriöse Durchführungsbedingungen gewährleisten Anonymität und Ruhe und geben dem Fragebogen bewusst eine wichtige Bedeutung.
- *Fähigkeiten der Schüler beachten:* Verglichen mit Schülern in Skandinavien sind deutsche Schüler auffallend Fragebogen-unerfahren und scheitern häufiger schon an den Formulierungen/Skalen der Fragen.

Schwierig, schwierig: Problematische Fragebogen-Konstruktionen

Inwiefern stimmst du den folgenden Aussagen zu:

Unser Lehrer bereitet seinen Unterricht nicht vor ++ + +/− − −−

Problem: doppelte Verneinung; Frage nach etwas, das die Schüler nicht direkt beobachten können

Ich finde den Deutschunterricht bei Herrn Y... ++ + +/− − −−

Problem: keine zeitliche Eingrenzung, zu unspezifische Fragestellung, evtl. Frage nach einem Kollegen

Wenn wir in Französisch Comics lesen würden, wäre das ☺☺☺ ☺☺ ☺

Problem: Suggestivfrage, keine Möglichkeit abzulehnen, evtl. Frage nach etwas, das die Klasse nicht kennt

Der nächste Klassenausflug soll nach München gehen ❑ ja ❑ nein

Problem: keine Alternativwahl möglich, keine Wahlmöglichkeit

Fragebögen, die mit Real-Ideal-Angaben arbeiten (Wie streng ist dein Lehrer? – Wie streng sollte er sein?), wirken auf Schüler manchmal sehr kompliziert und rufen Unsicherheiten hervor, obwohl solche Fragen für Schulentwicklung sehr aussagekräftig sein können.

■ *Fragebögen dialogisch anlegen:* Durch das Arrangement der Fragebogenerstellung und die Durchführung der Befragung sollte deutlich werden, dass mit der Abgabe des ausgefüllten Fragebogens nicht auch die Meinung abgegeben ist. Fragebögen müssen Konsequenzen haben, deshalb ist es wichtig, die Ergebnisse schnell und deutlich zurückzumelden und gemeinsam mit den Befragten zu analysieren: Wie sind die Ergebnisse der Fragebogenaktion zu verstehen? Welche Schlussfolgerungen sollten daraus gezogen werden?

Am meisten haben in den letzten Jahren Frage-Items beziehungsweise Schülerfragebögen Verbreitung gefunden, die sich mit dem Klassen- und Schulklima und der Arbeitskultur generell beschäftigen (vgl. BURKARD/EIKENBUSCH 2000, S. 155 ff.). Sie einzusetzen und auszuwerten, bedarf besonderer Sorgfalt, weil bei Klima und Schulkultur viele Elemente zusammenspielen, die in eine Balance gebracht werden müssen (OGDEN 1991, S. 94, S. 123). Wenn wir im Folgenden einige Fragen vorstellen, möchten wir dies mit dem Hinweis verbinden, dass ihre Verwendung für Fragebögen sorgfältig den Zielen und Möglichkeiten der einzelnen Schule/Klasse angepasst werden muss. Besonders wichtig ist eine sorgfältige Auswertung der Ergebnisse mit den Schülern, damit auch sie sich weiterentwickeln können. Sie kann ausgehen von den Auswertungsfragen: Was sind die drei überraschendsten Ergebnisse? Welche drei Ergebnisse sind besonders wichtig? Aus welchen drei Ergebnissen müssen wir im nächsten Vierteljahr praktische Konsequenzen ziehen?

Auswahl für einen Fragebogen: So ist es im Unterricht ...					
Herr X, Frau Y... So ist es	immer	oft	ab + zu	selten	nie
■ gibt gerechte Noten.	☐	☐	☐	☐	☐
■ achtet darauf, dass alle Schüler die Regeln einhalten.	☐	☐	☐	☐	☐
■ beantwortet meine Fragen.	☐	☐	☐	☐	☐
■ bestimmt, was wir im Unterricht machen.	☐	☐	☐	☐	☐
■ betont, dass es mehrere richtige Lösungswege gibt.	☐	☐	☐	☐	☐
■ bringt uns Methoden bei, wie wir lernen können.					
■ erklärt uns (genau), wie wir die Aufgabe lösen müssen.	☐	☐	☐	☐	☐
■ ermahnt Schüler vor der Klasse.					
■ fasst am Ende der Stunde zusammen.	☐	☐	☐	☐	☐
■ geht gleich zum nächsten Schüler, wenn ich nicht antworte.	☐	☐	☐	☐	☐

Verfahren für Schülerfeedbacks/-rückmeldungen

- gibt Hinweise, wenn man etwas besonders beachten muss. ☐ ☐ ☐ ☐ ☐
- gibt uns Themen zur Auswahl. ☐ ☐ ☐ ☐ ☐
- hilft mir, wenn ich ihn frage. ☐ ☐ ☐ ☐ ☐
- informiert uns, was in den nächsten Wochen im Unterricht bearbeitet wird. ☐ ☐ ☐ ☐ ☐
- kann mich für ein Thema begeistern. ☐ ☐ ☐ ☐ ☐
- lässt uns diskutieren, wie wir Aufgaben lösen können. ☐ ☐ ☐ ☐ ☐
- lässt uns in Gruppenarbeit arbeiten. ☐ ☐ ☐ ☐ ☐
- lobt Schüler vor der Klasse. ☐ ☐ ☐ ☐ ☐
- sieht meine Aufgaben nach. ☐ ☐ ☐ ☐ ☐
- sorgt dafür, dass wir Schüler uns im Unterricht helfen. ☐ ☐ ☐ ☐ ☐
- spricht die ganze Zeit im Unterricht. ☐ ☐ ☐ ☐ ☐
- verwendet unterschiedliche Methoden. ☐ ☐ ☐ ☐ ☐
- zeigt, wie nützlich das Fach im Alltag sein kann. ☐ ☐ ☐ ☐ ☐
- … ☐ ☐ ☐ ☐ ☐

Diese Fragen können auch verwendet werden für einen Real-Ideal-Fragebogen:

So ist es im Unterricht – So wünsche ich es mir ...										
Herr X, Frau Y...	So ist es					So wünsche ich es mir				
	immer	oft	ab + zu	selten	nie	immer	oft	ab + zu	selten	nie
gibt gerechte Noten.	☐	☐	☐	☐	☐	☐	☐	☐	☐	☐
…	☐	☐	☐	☐	☐	☐	☐	☐	☐	☐

Deutlich weniger verbreitet als allgemeine Fragebögen zum Klassen- und Unterrichtsklima sind bisher solche Instrumente, die sich spezifisch auf den Bereich Schulentwicklung *mit* Schülern beziehen und Fragen des Einflusses, der Mitbestimmung und Mitwirkung thematisieren. Vielleicht ändert sich diese Situation, wenn deutlicher wird, dass Fragen zur Schulentwicklung *mit* Schülern eben nicht nur für die Schule insgesamt von Bedeutung sind, sondern vor allem für die Unterrichtsentwicklung und die Arbeit in der Klasse. Der folgende Fragebogen sollte zuerst auf Klassenebene eingesetzt und ausgewertet werden. Hier können sich bereits eine ganze Reihe von Konsequenzen ergeben, zum Beispiel im Hinblick auf den Umgang mit Leistungsanforderungen, Aufbau von Unterstützungsstrukturen und den Aufbau von Arbeitskultur. Wird der Fragebogen in mehreren Klassen verwendet, lässt sich – eventuell mit der Schülervertretung – ein Bild von der Arbeitskultur der Schule zeichnen und es lassen sich Verbesserungsmaßnahmen ableiten.

Auswahl für einen Fragebogen: Schulentwicklung mit Schülern?
(nach: SKOLVEKET 1992)

Wie ist es in deiner Klasse/Schule?
(Kreuze an, was am ehesten zutrifft!)

**Wie dürfen Schüler deiner Schule mitbestimmen/
für bestimmte Dinge Verantwortung übernehmen?**

- ❏ Bei uns haben wir Schüler nur wenig Einfluss. Meist dürfen wir nicht mitbestimmen, wie es in der Schule zugeht.
- ❏ Bei uns haben wir Schüler wenig Einfluss, und auch dann nur, wenn es sich um unwichtige Angelegenheiten geht. Nur dann dürfen sie mitbestimmen, wie es in der Schule zugeht.
- ❏ Bei uns haben wir Schüler einen gewissen Einfluss. Sie können teilweise mitbestimmen, wie es in der Schule zugeht.
- ❏ Bei uns haben wir Schüler einen großen Einfluss. Sie können mitbestimmen, wie es in der Schule zugeht.

**Wie sehr können Schüler deiner Schule den Unterricht
mitgestalten und mitplanen?**

- ❏ Meist planen die Lehrer den Unterricht allein und diskutieren darüber nicht mit den Schülern.
- ❏ Einige Lehrer dieser Schule diskutieren mit Schülern, wie der Unterricht gemacht werden soll.
- ❏ Eine Reihe von Lehrern diskutiert mit Schülern, wie Unterricht gemacht werden soll.
- ❏ Viele Lehrer diskutieren mit den Schülern, wie der Unterricht gemacht werden soll

Verfahren für Schülerfeedbacks/-rückmeldungen

Die Lehrer meiner Schule erwarten von uns
- ❑ wenig.
- ❑ dass einige von uns gut in der Schule zurechtkommen.
- ❑ dass viele sich anstrengen und die Schule gut schaffen.
- ❑ dass fast alle sich anstrengen und die Schule gut schaffen.

Wie gehen Schüler um mit ehrgeizigen Kameraden?
- ❑ Sie finden das nicht gut. Sie zeigen ihr/ihm, dass sie das blöd finden.
- ❑ Sie finden es wohl nicht gut, aber sie zeigen das dem Schüler nicht.
- ❑ Jeder darf so sein, wie er möchte. Ob man ehrgeizig sein will, muss man selbst entscheiden.
- ❑ Wenn jemand ehrgeizig ist, finden wir das gut.

Wie kümmern sich Lehrer darum, wie es den Schülern in der Schule geht?
- ❑ Bei uns kümmern sich Lehrer nicht so viel darum, was wir lernen. Sie sprechen selten mit uns über unsere Fortschritte oder Schwierigkeiten.
- ❑ Bei uns gibt es einige Lehrer, die darauf achten, wie es den Schülern geht, und mit ihnen ihre Leistungen diskutieren.
- ❑ Bei uns gibt es recht viele Lehrer, die darauf achten, wie es den Schülern geht, und mit ihnen die Leistungen diskutieren.
- ❑ Bei uns sind so gut wie alle Lehrer interessiert, wie es den Schülern geht. Sie sprechen mit ihnen über Fortschritte und Schwierigkeiten.

Was geschieht, wenn man im Unterricht nicht mitkommt?
- ❑ Damit muss man meistens selber fertig werden. Die Schule kümmert sich nicht so sehr um die, die es schwer haben mitzukommen.
- ❑ Einzelnen Schülern wird geholfen, wenn sie große Probleme haben.
- ❑ Viele Schüler, die Schwierigkeiten haben, können Hilfe bekommen.
- ❑ Die Schule unterstützt. Sie hilft allen Schülern, die Probleme haben.

Lernt man in deiner Schule etwas, das in der Zukunft nützlich sein wird?
- ❑ Was wir hier lernen, ist hauptsächlich nur nützlich für die Schule. Außerhalb der Schule werden wir es wohl kaum anwenden können.

- ❏ Ein Teil der Dinge, die wir in der Schule gelernt haben, wird wohl nützlich sein. Aber viel kann man nur in der Schule anwenden.
- ❏ Viel von dem, was wir gelernt haben, wird wohl in der Zukunft nützlich sein, aber ein Teil davon ist nur für die Schule nützlich.
- ❏ Das meiste, was wir gelernt haben, wird sicherlich für uns im späteren Leben nützlich sein.

Achten Lehrer darauf, dass alle Schüler gut lesen, schreiben und rechnen können?

- ❏ Die meisten Lehrer kümmern sich darum nicht mehr als um andere Sachen, die wir in der Schule machen.
- ❏ Einige wenige Lehrer nehmen es ziemlich genau damit, andere interessieren sich nicht so sehr dafür.
- ❏ Ziemlich viele Lehrer legen großes Gewicht darauf, nur ein paar Lehrer interessieren sich dafür nicht so sehr.
- ❏ Den meisten Lehrern dieser Schule ist es wichtig, dass wir Schüler ordentlich lesen, schreiben und rechnen können.

Wie ist es mit Hausaufgaben in deiner Schule?

- ❏ Sie kommen in unserer Schule eher selten vor.
- ❏ Es gibt ein paar Lehrer, die welche aufgeben und sie kontrollieren.
- ❏ Viele Lehrer geben Hausaufgaben auf und schauen sie ziemlich genau nach.
- ❏ Es gibt sehr viele Hausaufgaben und die Lehrer schauen die sehr genau nach.

Wie gut wird den Schülern in deiner Schule etwas beigebracht?

- ❏ sehr gut
- ❏ ziemlich gut
- ❏ weder gut noch schlecht
- ❏ schlecht
- ❏ weiß nicht

Die Schule soll den Schülern beibringen, Aufgaben und Probleme selber zu lösen. Wie ist dies deiner Schule gelungen?

- ❏ sehr gut
- ❏ ziemlich gut
- ❏ weder gut noch schlecht
- ❏ schlecht
- ❏ weiß nicht

Verfahren für Schülerfeedbacks/-rückmeldungen

Der einfachste und auch der Regelfall des Einsatzes von Fragebögen beim Schülerfeedback ist der Fachunterricht. Hier sind in den letzten Jahren, besonders in der Folge internationaler Schulleistungsuntersuchungen wie PISA und TIMSS, viele Instrumente entwickelt worden (u. a. für Mathematik in LEUDERS 2001, HELMKE 2003, Deutsch: EIKENBUSCH 2001). Beispielsweise stehen aus dem Projekt „Qualitätssicherung in Schule und Unterricht" (QUASSU/DITTON/MERZ 2000) umfangreiche Materialien und erprobte Fragebögen zur Rückmeldung von Schülerinnen und Schüler zum Fachunterricht zur Verfügung (www.quassu.net/).

Schülerrückmeldungen zum Fachunterricht
Wie beurteilst Du folgende Aussagen zum Unterricht?

Unsere Lehrerin/unser Lehrer...	stimme ...			
	voll zu	eher zu	eher nicht zu	überhaupt nicht zu
1. gibt vorab einen Überblick zur Gliederung des Stoffes.				
2. stellt Zusammenhänge mit dem Stoff anderer Fächer her.				
3. fasst abschließend die wichtigsten Inhalte und Ergebnisse zusammen.				
4. verwendet Übersichten, um Zusammenhänge aufzuzeigen.				
5. verweist auf Zusammenhänge mit schon durchgenommenem Stoff.				
6. geht im Unterricht in einer logischen Reihenfolge vor.				
7. macht Übergänge zu neuen Themenbereichen deutlich.				
8. stellt Beziehungen zwischen behandelten Themen heraus.				
9. zeigt bei Aufgaben die Vor- und Nachteile verschiedener Lösungswege auf.				

www.quassu.net/Sch_Unt2.pdf; DITTON/MERZ 1999, S. 2

Bei einigen Instrumenten besteht sogar die Möglichkeit, die eigenen Ergebnisse mit repräsentativen Ergebnissen der entsprechenden Untersuchung zu vergleichen. Eine solche Möglichkeit für den Mathematikunterricht bietet beispielsweise die MARKUS-Studie aus Rheinland-Pfalz (HELMKE 2003, S. 168ff., HELMKE/HOSENFELD 2002), bei der Mathematikleistungen in der 8. Jahrgangsstufe sowie Unterrichtsmerkmale und Lernvoraussetzungen der Schülerinnen und Schüler untersucht wurden. Auch bei den Materialien „Schulbarometer" des Instituts für Schulentwicklungsforschung der Universität Dortmund (IFS 1999) und „Bilanz ziehen" des Bayerischen Staatsinstituts (2002) werden Referenzwerte zur Verfügung gestellt, die einen Vergleich der eigenen Ergebnisse von Schülerbefragungen zum Unterricht mit den Durchschnittswerten anderer Schulen zulassen.

Solche Vergleiche erfordern allerdings ein behutsames Vorgehen, damit sie nicht in übereilige Sorge oder vorschnelle Selbstzufriedenheit führen: Vor allem sollten – wie generell bei Fragebögen – nur die Items für eine Befragung ausgewählt werden, die für die bisherige und die weitere Arbeit relevant sind. Eine Frage nur zu stellen, weil es eine Vergleichsgröße gibt, macht wenig Sinn. Der Vergleich selber sollte auf keinen Fall auf ein Ranking ausgerichtet sein („An welcher Stelle der Liga stehen wir?"), weil hierzu in der Regel eine genaue Beachtung von Kontextvariablen notwendig ist. Wenn verglichen wird, dann mit dem Ausgangspunkt einer Standortbestimmung über Unterrichtsqualität und Arbeitskultur und mit dem Ziel, mögliche Faktoren und Ursachen dafür zu finden, warum die eigenen Ergebnisse (positiv oder negativ) von den Repräsentativergebnissen abweichen.

Mit Schülern Qualitätskriterien für guten Unterricht vereinbaren

Über Qualität lässt sich trefflich streiten. Selbst bei so vermeintlich einfach zu fassenden Dingen wie beispielsweise einem Auto fällt es bekanntlich nicht ganz leicht zu sagen, was die Qualität einer Marke ausmacht. Aber immerhin gibt es hier Vergleichstests, beispielsweise zur Reparaturanfälligkeit, zum Wiederverkaufswert, zum Verbrauch etc., die eine – wenn man so will empirische – Aussage darüber zulassen, wie gut ein Auto ist. Dennoch bleibt auch im Falle der Qualität eines Autos eine Reihe von Unschärfen und Interpretationsspielräumen, die klare Aussagen über die Qualität kaum zulassen. Noch viel schwieriger scheint dies bei der Frage danach zu sein, was guten Unterricht ausmacht.

Verfahren für Schülerfeedbacks/-rückmeldungen

Eine allgemein gültige Definition dessen, was Qualität von Unterricht heißt, gibt es nicht. Je nach Standpunkt des Betrachters wird unter Qualität Unterschiedliches verstanden. Merkmale von Schulqualität sind von den jeweiligen pädagogischen Leitzielen abhängig, die letztendlich wertgebunden sind und sich mit dem gesellschaftlichen Wandel verändern. Selbstverständlich gibt es Hinweise der Unterrichtsforschung über Kennzeichen erfolgreichen Unterrichts. Was Schülerinnen und Schüler lernen sollen und wie sie lernen sollen, kann aber letztendlich nicht von allgemein gültigen Kriterien her abgeleitet werden.

Deshalb gibt es eine Vielzahl unterschiedlicher Erwartungen und Vorstellungen darüber, was gute Schulen und erfolgreichen Unterricht ausmacht. Kollegien, Eltern, Schülerinnen und Schüler, Ministerien, Wissenschaft, Arbeitgeber und viele andere an Schule beteiligte Gruppen können sehr unterschiedliche Ansprüche an Schule haben. Zwar geben beispielsweise Lehrpläne, Richtlinien oder andere normative Leittexte für Schulen Hinweise, die beschreiben, was guten Unterricht ausmachen sollte. Diese Formulierungen sind aber in der Regel eher in Form wenig konkreter Leitziele gehalten. Entsprechende Qualitätsmaßstäbe müssen deshalb für die Ebene der einzelnen Schule und des Unterrichts klein gearbeitet und spezifiziert werden.

Übung: Die folgende Übung eignet sich, um mit Schülerinnen und Schülern über deren Vorstellungen eines guten und erfolgreichen Unterrichts ins Gespräch zu kommen und um Kriterien zu vereinbaren, die bei beispielsweise einem Schülerfeedback zugrunde gelegt werden sollen.

Vorgehen: Die Klasse teilt sich in 4er-Gruppen. Jede Gruppe erhält ein so genanntes Table Set auf einem Plakat oder Flip-Chart Bogen:

Das Table Set

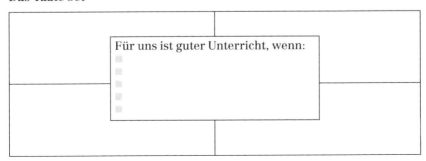

Die Gruppen setzen sich jeweils gemeinsam an Tische. Zunächst schreibt jede beziehungsweise jeder in Einzelarbeit (zirka 10 bis 15 Minuten) alle Aspekte in seine/ihre Ecke des Plakates, die für sie oder ihn guten Unterricht ausmachen. Danach bekommt jede Gruppe den Auftrag, sich auf die sechs bis acht Bereiche zu einigen, die aus gemeinsamer Sicht der Gruppe die wichtigsten sind. Diese werden dann mit Filzschreiber im Kasten in der Mitte des Table Sets eingetragen.

Anschließend werden die Plakate im Klassenraum ausgestellt. Jede Gruppe soll nun herausfinden, welche Übereinstimmungen und Unterschiede es zwischen dem eigenen Ergebnis und dem der anderen Gruppen gibt. Man kann nun die Bereiche, die in der Mehrzahl der Gruppen genannt wurden, zusammentragen und diese den sechs bis acht wichtigsten Merkmalen eines guten Unterrichts aus Sicht der Lehrkraft gegenüberstellen. Möglich ist selbstverständlich auch, mittels desselben Verfahrens zuvor im Kollegium gemeinsame Kennzeichen guten Unterrichts zusammenzutragen und diese den Positionen der Schülerinnen und Schüler gegenüberzustellen.

Fragestellungen für die gemeinsame weitere Arbeit:
- Wo gibt es Unterschiede und Gemeinsamkeiten zwischen den Positionen der Lehrkräfte und der Schülerinnen und Schüler?
- Auf welche Merkmale können wir uns gemeinsam einigen?
- Wie können wir in unserer Klasse überprüfen, ob diese Merkmale des Unterrichts zutreffen?

Durch Schülerfeedback den diagnostischen Blick schärfen

Zwei Detailergebnisse der PISA-Studie haben dazu geführt, dass nicht nur unter Fachleuten, sondern auch in der Öffentlichkeit aktuell intensiv über die diagnostische Kompetenz von Lehrkräften diskutiert wird: Zum einen waren im Rahmen der Befragungen für die PISA-Studie nur sehr wenige Lehrkräfte in der Lage, richtig einzuschätzen, wie viele ihrer Schülerinnen und Schüler schwache Leser sind. Die Angaben der Lehrkräfte waren deutlich optimistischer als die tatsächlichen Testergebnisse. Zum anderen zeigte sich, dass Zeugnisnoten nur eingeschränkt etwas über die tatsächlichen Kompetenzen der Schüler aussagen. Auch innerhalb einer Schulform schnitten Schülerinnen und Schüler mit denselben Zeugnisnoten in den Leistungstests teilweise sehr unterschiedlich ab. Wenn Lehrkräfte nicht erkennen, wer gut oder schlecht ist, wie sollen Schülerinnen und Schülern dann gezielt unterstützt werden?

Was bedeutet „diagnostische Kompetenz"? Gemeint ist damit das Repertoire an Wissen, Methoden und Kenntnissen, das Lehrkräften zur Verfügung steht, um Schülerleistungen und Lernvoraussetzungen richtig einschätzen zu können. In der Tat kann man unterstellen: Wenn schon die Diagnose bereits unzureichend ist, dann kann auch die Therapie nicht gut gelingen. Deshalb ist es selbstverständlich bedeutsam, dass Lehrkräfte in der Lage sind, Dinge wie Lernstände, Förderbedarf, Stärken und Schwächen der einzelnen Schülerinnen und Schüler oder Angemessenheit von Unterrichtsmaßnahmen zutreffend zu diagnostizieren. Wenn nicht, besteht in der Tat die Gefahr, dass Unterrichtsstrategien und Lernvoraussetzungen der Schülerinnen und Schüler nicht zueinander passen und somit der Erfolg des Unterrichts oder von Fördermaßnahmen nur unzureichend bleibt.

Dass es tatsächlich einen Zusammenhang zwischen diagnostischer Kompetenz und erfolgreichem Unterricht gibt, konnten SCHRADER und HELMKE im Rahmen einer wissenschaftlichen Studie zur Unterrichtsqualität zeigen (vgl. HELMKE 2003, S. 93). Insbesondere die Kombination von hoher diagnostischer Kompetenz einer Lehrkraft, verbunden mit der Fähigkeit, den Unterricht gut strukturiert aufbauen zu können, führt offenbar zu höheren Lernergebnissen bei den Schülern.

Aufschlussreichere Ergebnisse zur Frage, wie es um die diagnostische Kompetenz von Lehrkräften in Deutschland tatsächlich bestellt ist, als die PISA-Studie, bei der dieser Aspekt lediglich ein Randthema war, brachte eine aktuelle Studie zur Qualität des Mathematikunterrichts (HOSENFELD/HELMKE/SCHRADER 2002), das Projekt SALVE. Dort zeigte sich, dass die befragten Lehrkräfte zwar generell dazu neigten, die Kompetenzen ihrer Klassen zu überschätzen, es aber zwischen den einzelnen Mathematiklehrkräften erhebliche Unterschiede in der Fähigkeit gab, tatsächliche Lösungshäufigkeiten von Mathematikaufgaben in ihren Klassen richtig vorherzusagen. Ähnliche Unterschiede gab es auch bei der Selbstdiagnose des erteilten Unterrichts. Auch bei Kategorien wie ‚Interesse der Schülerinnen und Schüler während des Unterrichts' oder ‚Über- beziehungsweise Unterforderung der Schüler' wichen die Einschätzungen der Lehrkräfte in deutlich unterschiedlichem Umfang von den Schülerangaben ab.

Ein im Rahmen dieser Studie eingesetztes Verfahren zur Überprüfung der Diagnosekompetenz lässt sich auch im eigenen Unterricht anwenden. Schülerfeedback kann man auf diese Weise dazu nutzen, auch die Angemessenheit der eigenen Wahrnehmungen über den Unterricht zu überprüfen und den eigenen diagnostischen Blick zu schärfen.

Schülerdiagnose zur Absicherung der eigenen Wahrnehmungen:
Erster Schritt: Am Ende einer Unterrichtsstunde werden die Schülerinnen und Schüler gebeten, einen Kurzfragebogen zur Stunde auszufüllen. Das folgende Beispiel wurde in Anlehnung an den im Rahmen des Projekts SALVE eingesetzten Fragebogen entwickelt.

Schülerfragebogen im Anschluss an eine Unterrichtsstunde

1. **Was wir in der Stunde heute durchgenommen haben, habe ich ...**
   - ❏ gut verstanden
   - ❏ einigermaßen verstanden
   - ❏ nicht so gut verstanden
   - ❏ nicht verstanden

2. **Heute habe ich in der Stunde ...**
   - ❏ gut aufgepasst
   - ❏ einigermaßen aufgepasst
   - ❏ nicht so gut aufgepasst
   - ❏ schlecht aufgepasst

3. **War dir klar, worauf der Lehrer/die Lehrerin hinauswollte?**
   - ❏ völlig klar
   - ❏ einigermaßen klar
   - ❏ ziemlich unklar
   - ❏ völlig unklar

4. **Heute war der Unterricht für mich ...**
   - ❏ zu leicht
   - ❏ etwas zu leicht
   - ❏ genau richtig
   - ❏ etwas zu schwer
   - ❏ zu schwer

5. **Was wir heute durchgenommen haben, fand ich ...**
   - ❏ interessant
   - ❏ einigermaßen interessant
   - ❏ nicht so interessant
   - ❏ uninteressant

6. Was wir heute im Unterricht gemacht haben ...
- ❏ hat mir großen Spaß gemacht
- ❏ war eher langweilig
- ❏ hat mir Spaß gemacht
- ❏ war sehr langweilig

7. Heute hatte ich in der Unterrichtsstunde ...
- ❏ genügend Zeit zu üben
- ❏ zu wenig Zeit zu üben

(nach: HELMKE 2003, S. 173)

Zweiter Schritt: Während die Schülerinnen und Schüler den Fragebogen ausfüllen, trägt die Lehrkraft auf einem eigenen Fragebogen ein, wie viele der Schüler – den subjektiven Erwartungen nach – die Fragen im positiven beziehungsweise negativen Bereich beantworten.

Lehrerfragebogen im Anschluss an eine Unterrichtsstunde

Was erwarten Sie: Wie viel Prozent Ihrer Schüler ...

Verständlichkeit: haben das, was in der Stunde heute durchgenommen wurde, ...
- ❏ eher verstanden
- ❏ eher nicht verstanden

Aufmerksamkeit: haben in der Stunde ...
- ❏ eher gut aufgepasst
- ❏ eher schlecht aufgepasst

Klarheit: war klar, worauf Sie als Lehrkraft hinaus wollten ...
- ❏ eher klar
- ❏ eher unklar

Unter- und Überforderung: empfanden den Unterricht heute ...
- ❏ zu leicht
- ❏ genau richtig
- ❏ zu schwer

Interesse: fanden, was heute durchgenommen wurde, ...
- ❏ eher interessant
- ❏ eher uninteressant

Lernfreude: hat, was heute im Unterricht gemacht wurde, ...
- ❏ eher Spaß gemacht
- ❏ fanden es eher langweilig

Zeit zu üben: hatten in der Unterrichtsstunde ...
- ❏ genügend Zeit zu üben
- ❏ zu wenig Zeit zu üben

Dritter Schritt: Die Angaben der Schüler werden ausgezählt. Die positiven und negativen Kategorien werden dabei addiert und dann die Prozentwerte berechnet.

Vierter Schritt: Bei der Darstellung der Ergebnisse werden nun die Antworten der Schüler der Prognose der Lehrkraft gegenübergestellt. Dies kann beispielsweise in Form eines „Spinnennetzes" erfolgen. Dazu werden für die acht Kategorien die Prozentanteile der Schüler, die jeweils im positiven Bereich geantwortet haben, und die Lehrerprognose auf den Achsen des Spinnennetzes eingetragen. (Bei Frage vier – Über-/Unterforderung – werden die Angaben für „zu leicht" und „zu schwer" als getrennte Kategorien berücksichtigt).

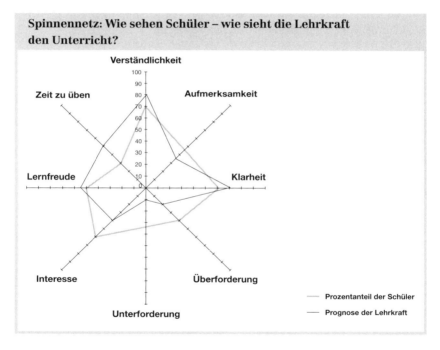

Fünfter Schritt: Für die Auswertung mit der Klasse kann das Spinnennetz auf eine Folie oder einen Flipchart-Bogen übertragen werden. Leitfragen für die gemeinsame Analyse in der nächsten Stunde können sein:
- War die letzte Stunde anders als sonst? Worin hat sie sich unterschieden?
- Bei Kategorien mit Diskrepanzen: Was waren die Gründe für die Einschätzungen der Schüler? Was für die der Lehrkraft?

- Bei Übereinstimmungen: Sind wir mit dem Ergebnis zufrieden?
- Was sollen wir gemeinsam anders machen?

Materialien als Feedback-Anreiz

Kreative Vorlagen und Vorgaben können ein guter Impuls für ein Schülerfeedback sein, um vom ständigen „Reden und Analysieren" wegzukommen. Die einfachste Vorgabe besteht aus Farbstiften (am besten Ölkreiden) und je einem DIN-A3-Blatt und der Bitte, den Kurs „in Farben" (nicht gegenständlich!) zu malen. Eine andere Möglichkeit besteht darin, Schüler aus einem Kopienfundus bekannter Bilder das auswählen zu lassen, was am besten zu ihrem Feedback passt, oder eine Collage aus solchen Bildern zu erstellen. Hier legen die Schüler dann den anderen Schülern und der Lehrkraft die Bilder vor und bitten um eine erste vorläufige Interpretation, bevor sie dann selber die Deutung ihres Bildes geben.

Eine weitere Technik besteht darin, den Schülern kurze Texte (Lyrik, Prosa) zu geben und sie zu bitten, diese Texte so zu verändern, dass darin ihre Meinung zu einer vereinbarten Frage zum Ausdruck kommt. Auch hier geben zuerst wieder die anderen Schüler und dann die Lehrkraft eine vorläufige Interpretation, bevor dann die Autoren zu Wort kommen.

Schnell-Rückmeldung

In einer Klasse/einem Kurs geben Schüler und Lehrer für einen bestimmten Zeitraum (nicht länger als ein Monat) am Ende jeder Unterrichtsstunde eine kurze und subjektive Einschätzung der Qualität der Stunde. Dies kann in kleineren Klassen/Kursen verbal erfolgen (kurze Rückmeldung), in großen Kursen wird man sich auf ein Zeichensystem einigen (Daumen nach oben, Daumen nach unten …).

Schülerfeedback über Lernstrategien

Lernenlernen gehört inzwischen an vielen Schulen zu den Standardprojekten. Ihr Erfolg wird meist gemessen mit Hilfe von Abschlussbefragungen („Was hast du gelernt? Was war besonders wichtig …?") oder an einer Einschätzung der erarbeiteten Produkte. Die mittel- und langfristige Wirkung solcher Projekte wird dagegen noch zu selten untersucht – und noch seltener nutzt man hier einfache Formen des Schülerfeedbacks:

- **Strategie-Rückschau**
Nach der Vermittlung und dem Üben einer Strategie nehmen die Schüler am Ende der Stunde eine (kurze) Auswertung vor (Tafelanschrieb in Stichworten: Welche Lernstrategien haben wir angewendet? Wie haben sie sich bewährt? Waren sie effektiv? Welche alternativen Lernstrategien wären in Frage gekommen?)
- **Strategie-Wahlen**
Die Schüler erhalten eine Liste vermittelter Lernstrategien und dann eine Sammlung mehrerer Aufgaben. Ohne die Aufgabe selbst zu bearbeiten, sollen sie die für sie am besten geeignete Lernstrategie festlegen und dann nach der Bearbeitung der Aufgabe prüfen, ob ihre Wahl richtig war.
- **Mini-Experimente**
In Kleingruppen oder vor der Klasse führen mehrere Schüler Lernexperimente durch, die (am besten) mit Hilfe der vermittelten Lernstrategien zu lösen sind. Einer Schülergruppe wird dabei ausdrücklich untersagt, die vermittelten Strategien anzuwenden, eine zweite muss sie anwenden, einer dritten ist das Vorgehen freigestellt.
- **Analyse-Partner**
Die Schüler schreiben ihre Erfahrungen über die Anwendung der Lernstrategien im Unterrichtsalltag auf und tauschen sie in 2er-, dann in 4er-Gruppen aus, fassen die zentralen Aussagen zusammen.
- **Laut denken**
Schüler erhalten eine Aufgabe, die sie entweder mühelos oder nur mit Hilfe bestimmter Strategien lösen können. Sie lösen diese Aufgaben vor einer Gruppe beziehungsweise vor der Klasse und erläutern dabei die ganze Zeit, welche Schritte sie gerade vornehmen, was sie tun wollen, welche Einsichten beziehungsweise Schwierigkeiten sie gerade haben.
- **Logbuch Lernstrategien**
Während der Vermittlung von Lernstrategien wird bereits ein Logbuch angelegt, in dem die einzelnen Strategien und mögliche Verwendungszusammenhänge notiert werden. Im folgenden Unterricht wird dann im Logbuch notiert, wann welche Strategien mit welchem Erfolg eingesetzt wurden. Nach längeren Unterrichtsabschnitten können die Logbücher ausgetauscht/ausgewertet werden.

Schüler gestalten einen Pädagogischen Tag zum Thema „Ironie in der Schule!?" mit

Die Vorgeschichte: Klassenkonferenz über einen Zwischenfall in der neunten Klasse: Ein Lehrer hatte eine Schülerin, nachdem sie vergeblich versucht hatte, eine Aufgabe an der Tafel zu lösen, mit der Bemerkung auf ihren Platz zurückgeschickt: „Heute wärst du auch besser im Bett liegen geblieben." Daraufhin hatte die Schülerin ihre Schulsachen gepackt und den Klassenraum verlassen. Eine Stunde später rief sie im Sekretariat an und teilte mit, es sei wirklich gut, was ihr Lehrer ihr empfohlen habe ... Eigentlich sollte es bei der Konferenz um eine mögliche Disziplinar- oder Ordnungsmaßnahme gegen die Schülerin gehen. Dass ihr Verhalten unbotmäßig war, stand für den betroffenen Lehrer außer Frage: „Meine Aufforderung war eindeutig ironisch gemeint! Eindeutig! Das muss man in der neunten Klasse doch erkennen!"

„Bei Ihnen weiß man nie, wann Sie es ernst meinen oder nicht, Sie sind doch dauernd ironisch!", erwiderte die Schülerin und nannte Beispiele. Es gab eine heftige Diskussion mit deutlichen Meinungsunterschieden, ob man gezielt Ironie im Unterricht der Mittelstufe einsetzen dürfe. Noch gegensätzlicher aber waren – vor allem bei den Lehrern – die Auffassungen darüber, was Ironie sei und was nicht.

Der Pädagogische Tag: Dass die Diskussion auf der Klassenkonferenz den Nerv des professionellen Selbstverständnisses der Lehrer getroffen hatte, zeigte sich einige Wochen später, als vom Lehrerkollegium der Umgang mit Ironie als Thema für den nächsten Pädagogischen Tag festgelegt wurde. Ausdrücklich entschied sich das Kollegium, diesmal auf einen externen Experten zum Thema zu verzichten. Stattdessen bat es die Schülervertretung um Unterstützung und formulierte als Auftrag:

> **Bestandsaufnahme/Ansichten:**
> **Der Umgang mit Ironie in unserer Schule**
>
> Auf unserem nächsten Pädagogischen Tag werden wir uns mit dem Thema „Ironie im Unterricht!?" beschäftigen. Um uns Klarheit zu verschaffen, wie wir mit Ironie umgehen sollen, wünschen wir uns von Ihnen möglichst konkrete Informationen:
> - Wie und woran erkennen Schülerinnen und Schüler der Unter- Mittel- und Oberstufe, dass Lehrkräfte etwas (nicht) ironisch meinen?

> - Was empfinden Schüler, wenn Lehrkräfte im Unterricht ironisch sind? Gibt es hier Unterschiede bezüglich Alter, Schulklasse und Geschlecht?
> - Was tun Schüler, wenn ihnen Ironie zu viel wird?
>
> Wir haben etwa zwei Stunden für die Präsentation Ihrer Ergebnisse vorgesehen. Wenn Sie dies möchten, werden wir Sie bei der Vorbereitung unterstützen.

Dieser Auftrag löste zuerst ungläubiges Erstaunen, dann heftige Aktivitäten aus. Auf dem Pädagogischen Tag präsentierten die Schülerinnen und Schüler dann einen Fächer von Informationen: Ergebnisse von Klassenumfragen, Beobachtungsprotokolle, Kernsätze aus Interviews und szenische Darstellungen von Schlüsselsituationen. Drei Schüler einer Klasse hatten sogar eine neue Messmethode, den ‚Punktrichter' entwickelt, mit dem sie – wie beim Boxen – ironische Treffer werteten.

Nach der Präsentation der Schüler durften die Lehrkräfte nur Klärungsfragen stellen, danach verließen die Schüler die Veranstaltung. Sie hatten ihren Auftrag erfüllt, jetzt arbeiteten die Lehrkräfte unter sich. Entscheidend war, dass die einzelnen Arbeitsphasen deutlich voneinander abgegrenzt waren:

- *Informationsanalyse:* Gruppenarbeit, strukturiert durch Leitfragen (u. a.: Was waren die fünf wichtigsten Informationen der Schüler?) und einen Arbeitsvorschlag (Erstellen einer Matrix: Welche Verhaltensweisen werden wann von wem mit welcher Wirkung als ironisch empfunden?).
- *Gewichtung und Wertung:* Gruppenarbeit mit Arbeitsauftrag (Was hat meine/unsere Arbeit in der Schule bestätigt beziehungsweise in Frage gestellt? Aus welchen Informationen müssen unbedingt Konsequenzen für die Arbeit in der Schule gezogen werden?) und Auswertung im Plenum (Gemeinsamkeiten und Unterschiede bei der Bewertung).
- *Konsequenzen ziehen:* Strukturierung durch Vorgaben (Was ist jetzt der nächste Schritt, den ich/den die Schule tun muss? Woran können wir sehen, ob dieser Schritt erfolgreich war?).

Diese Gliederung sorgte für ein förderliches Arbeitsklima und für vorzeigbare Ergebnisse, sie war gleichzeitig auch ein Modell, wie Professionalisierung der Lehrer mit Hilfe starker Schüler gelingen kann.

Verfahren für Schülerfeedbacks/-rückmeldungen 99

Was steckt in Klassenarbeiten: Lernpläne untersuchen ...

Hintergrund: Das, was Lehrer in Klassenarbeiten und Tests prüfen, halten Schüler erfahrungsgemäß für das Wichtigste, das sie können müssen. Deshalb sind sie so erpicht darauf zu wissen, wann die nächste Klassenarbeit ansteht und was darin drankommt.

Lernpläne offen legen: Wie verstehen Schüler die Aufgaben?		
Was musste man tun/können, um die Aufgabe zu lösen?	Aufgaben bei Klassenarbeiten	
	Zahl	Prozent aller Aufgaben 10 20 30 40 50 60 70 80 90 100
etwas wissen Gelesenes, im Unterricht Behandeltes wiedergeben: zum Beispiel: Farbe des Lackmuspapiers in ...? Hauptstadt von ...? Was heißt auf Englisch?	____	☐ ☐ ☐ ☐ ☐ ☐ ☐ ☐ ☐ ☐
Verfahren, Instrumente anwenden Hilfsmittel, Techniken oder Lösungswege anwenden, zum Beispiel Formel oder Taschenrechner	____	☐ ☐ ☐ ☐ ☐ ☐ ☐ ☐ ☐ ☐
Regeln anwenden/umsetzen Regeln kennen und beherrschen (zum Beispiel Rechtschreibregeln oder Lehrsätze)	____	☐ ☐ ☐ ☐ ☐ ☐ ☐ ☐ ☐ ☐
etwas untersuchen zeigen, wie etwas aufgebaut ist (zum Beispiel Gedicht, Motor), Lösung erkennen, etwas gliedern (zum Beispiel Aufgabe, Problem)	____	☐ ☐ ☐ ☐ ☐ ☐ ☐ ☐ ☐ ☐
Zusammenhänge herstellen erläutern, wie Dinge zusammenhängen (Aufsatz), etwas zusammenbauen (Experiment) oder entwerfen (Kunst)	____	☐ ☐ ☐ ☐ ☐ ☐ ☐ ☐ ☐ ☐
Stellung nehmen begründen, ob man etwas wahr/glaubwürdig beziehungsweise richtig oder falsch findet – eine Meinung formulieren – etwas beurteilen/widerlegen	____	☐ ☐ ☐ ☐ ☐ ☐ ☐ ☐ ☐ ☐

Welchen Inhalt, welche Aufgaben und Aufgabenformen ein Lehrer für eine Klassenarbeit auswählt, wie er die Arbeiten stellt und bewertet, das deuten Schüler als Signal dafür, welche Kenntnisse und Fähigkeiten im Unterricht für wichtig angesehen werden. So entsteht ein Bild über gutes und erfolgreiches Lernen und oft auch ein unausgesprochener (heimlicher) Lernplan.

Wenn Schüler ihre Lernpläne offen legen und erklären, können Lehrer daraus viele Informationen über die Wirkungen ihrer Arbeit erhalten und es kann ihnen helfen, falsche Signale gegenüber Schülern zu vermeiden beziehungsweise zu korrigieren.

Durchführung: Die Untersuchung der Lernpläne wird durch zwei Materialien strukturiert: durch die Übersicht über die Aufgabenstellungen der Klassenarbeiten des letzten Halbjahres (in einem Fach) und durch das Arbeitsblatt auf Seite 87 mit einer Übersicht über Anforderungsbereiche von Aufgabenstellungen (vgl. EKHOLM 1989, S. 14 f.).

Nach der Vorstellung des Arbeitsblattes in der Klasse sollen die Schüler in Kleingruppen die Aufgabenstellungen ihrer Klassenarbeiten den einzelnen Anforderungsbereichen zuordnen und dies jeweils als Strichliste in der dritten Spalte vermerken. Vor allem jüngeren Schülern kann es dabei Schwierigkeiten bereiten, die Aufgaben richtig einzuordnen und zu verstehen. In solchen Fällen ist es hilfreich, an Beispielaufgaben (nicht an den Aufgaben der Klassenarbeiten selbst) zu üben oder Schüler aus höheren Klassen als Helfer in den Kleingruppen einzusetzen. Oft werden sich Aufgaben nicht einem einzigen Anforderungsbereich zuordnen lassen, sondern müssen in mehreren Bereichen platziert werden.

Die Auswertung der Eintragungen (Rohwerte in der zweiten Spalte, Prozentwerte in der dritten Spalte) macht dann Strukturen der Lernpläne der Schüler deutlich. Sie können jetzt vom Lehrer, aber auch gemeinsam in der Klasse und vor allem mit Kollegen, die in der Klasse unterrichten, analysiert werden. Der einzelnen Lehrkraft hilft die Auswertung, die Aufgabenkultur in der Klasse systematisch zu bearbeiten und gegebenenfalls die Klassenarbeiten zu verändern. Eine Analyse in der Klasse kann dazu beitragen, Unterrichtsschritte transparent zu machen und das Lernen zu lernen.

Von Schweden lernen?! Planungs- und Entwicklungsgespräche mit Schülern

Ein zentrales Element von Schulentwicklung in Schweden sind die „Utvecklingssamtal", die Planungs- und Entwicklungsgespräche. Der Schulleiter führt sie mit seinem Personal, seit längerer Zeit führen Lehrkräfte sie auch mit ihren Schülern. In einem guten Planungs- und Entwicklungsgespräch tauschen Schüler und Lehrer ihre Erfahrungen und Sichtweisen über ihre Entwicklung, ihre Arbeit, den Unterricht und die Schule aus. Sie sprechen über die persönlichen und die gemeinsamen Ziele und vereinbaren, was sie bis zum nächsten Gespräch erreichen und dafür tun wollen. Planungs- und Entwicklungsgespräche zielen auf einen gemeinsamen Lernprozess von Lehrern und Schülern, es geht dabei nicht um Fehlersuche, Vorwürfe und Entschuldigungen: „Bei Planungs- und Entwicklungsgesprächen lernen wir alle – Lehrer, Schüler und gegebenenfalls Eltern – immer etwas Neues. Wenn wir dort über unsere Ziele, Arbeitsformen und Arbeitsergebnisse sprechen und darüber, wie der Schüler an der Schule zurechtkommt und er sich fühlt, dann bekomme ich als Lehrer ein Bild davon, wie der Schüler seine Situation erlebt. Gleichzeitig gewinnt dieser in diesem Gespräch Einsichten über sein Lernen, die Eltern bekommen einen klaren Eindruck davon, was ihr Kind bereits beherrscht oder eben nicht. Bei Planungs- und Entwicklungsgesprächen sind die Gesprächspartner gleichberechtigt, sie alle tragen das Gespräch." (BUCKHÖJ LAGO 2001, S.62)

Seit Ende der neunziger Jahre wird auch in Deutschland diskutiert, solche Gespräche in Schulen zu verwenden (vgl. EIKENBUSCH 1995, 1998, EKHOLM 1995, 1999). Im Vordergrund standen dabei bisher Gespräche zwischen Schulleitung und Lehrkraft beziehungsweise Lehrergruppen. Auch wenn solche Gespräche inzwischen in Deutschland zum Teil als obligatorisch eingeführt wurden (zum Beispiel in der Lehrerausbildung in Nordrhein-Westfalen zwischen Ausbilder und Referendar), so haben sie sich jedoch im Schulalltag nicht allgemein durchsetzen können. Warum dies so ist, darüber lässt sich nur spekulieren. Eine Ursache vermuten wir darin, dass in schwedischen Schulen ein weniger hierarchisches Leitungs- und Führungsverständnis bei Lehrern und Schulleitung besteht und deshalb dialogische Arbeitsformen besser zum Leitungsverständnis und zur Schulkultur passen. Ein weiterer Grund wird wohl darin liegen, dass Lehrer in Schweden stärker verpflichtet sind, Vorgaben, Reformen und Projekte der Schule mitzutragen, und sich nicht durch Verweigerung profilieren.

Planungs- und Entwicklungsgespräche zwischen Lehrern und Schulleitungen waren in Schweden nur ein erster Schritt zu einer kooperativen Arbeitskultur. Als viel wichtiger erweisen sich inzwischen solche Gespräche zwischen Lehrern und Schülern. Wenn man wirklich Schulentwicklung *mit* Schülern will und Schülerfeedback nutzen will, sind sie nach unserer Auffassung – zumindest auf Dauer – unverzichtbar. Wir möchten sie deshalb hier in den Blick rücken und zeigen, wie man sie durchführen kann.

Planungs- und Entwicklungsgespräche zwischen Lehrkräften und Schülern:
- sind grundsätzlich geprägt durch Gegenseitigkeit: Alle Beteiligten am Gespräch tragen dazu bei, lernen davon und ziehen Konsequenzen daraus;
- werden regelmäßig (halbjährlich, häufig vierteljährlich) durchgeführt und dauern jeweils zirka eine halbe Stunde,
- erfolgen nach vereinbarten Regeln beziehungsweise in bestimmten Phasen/Schritten,
- werden von allen beteiligten Gesprächspartnern vorbereitet,
- bieten ihnen Gelegenheit, über Erfahrungen, Wünsche und Ziele zu sprechen und zu erläutern, wie sie den Unterricht, die Arbeit des Lehrers beziehungsweise des Schülers sowie die Klasse und die Schule erleben und einschätzen,
- sind problemlösend und konstruktiv ausgerichtet, um die Entwicklung des Schülers beziehungsweise der Lehrkraft und der Schule zu fördern,
- helfen bei der Planung, Begleitung und Reflexion weiterer Arbeits- und Entwicklungsschritte.

Wesentlich für das Gelingen von Planungs- und Entwicklungsgesprächen ist deren Vorbereitung, denn es geht ja nicht um eine spontane Unterhaltung oder einen bloßen Meinungsaustausch, sondern um ein „professionelles Gespräch" (BUCKHÖJ LAGO 2001, S. 61) mit klarer Zielsetzung und mit Konsequenzen für alle Gesprächspartner. Deshalb bereiten sich Schüler wie Lehrkräfte sorgfältig vor, oft mit Hilfe von Vorbereitungsbögen, zu denen sie schriftliche Aufzeichnungen machen.

Vorbereitungsbogen: Planungs- und Entwicklungsgespräche mit Schülern

Liebe(r) ... (Schüler)!

Beim nächsten Planungs- und Entwicklungsgespräch kannst du wieder mit deinem Lehrer (und deinen Eltern) darüber sprechen, wie du dich selbst in der Schule siehst, wie du den Unterricht, die Arbeit des Lehrers und die Klasse findest und was du über unsere Schule denkst.

Planungs- und Entwicklungsgespräche mit Schülern

In dem Gespräch kannst du auch erfahren, was deine Lehrer über deine Arbeit denken und wie sie die Klasse und die Schule sehen.
Die folgenden Fragen sollen dir helfen, dich auf das Gespräch vorzubereiten. Je besser du vorher überlegst, was du sagen und fragen willst, umso mehr wird bei dem Gespräch auch herauskommen.

1. Mit meinem Lehrer möchte **ich** unbedingt darüber sprechen …
   (kreuze an):
   ❏ wie ich mich in der Schule fühle, was ich gut/schlecht finde,
   ❏ was ich von der Schule beziehungsweise von mir erwarte,
   ❏ wo ich im Unterricht oder in der Schule Hilfe brauche,
   ❏ wie ich mit meinen Mitschülern auskomme,
   ❏ wie ich mit den Lehrern auskomme,
   ❏ wo und wie ich selbst Verantwortung für meine Arbeit übernehme,
   ❏ wie ich lerne (besser lernen kann), was mir leicht/schwer fällt,
   ❏ wie ich meine Arbeit in der Schule organisiere,
   ❏ wie ich meine Hausaufgaben mache,
   ❏ über meine Leistungen im Fach … bei …,
   ❏ was ich (noch nicht) kann, wie ich leistungsmäßig stehe,
   ❏ woran ich im nächsten Halbjahr mehr arbeiten will,
   ❏ worauf ich mich im nächsten Schuljahr freue,
   ❏ …

2. Das möchte ich dabei unbedingt meinem Lehrer sagen: _____

3. Das will ich von meinem Lehrer wissen: _____

4. Was ist seit dem letzten Planungs- und Entwicklungsgespräch geschehen? Welche Absprachen wurden eingehalten/nicht eingehalten? _____

5. Welche Vorschläge möchtest du für das nächste Halbjahr machen? _____

6. Was möchtest du mit deinem Lehrer vereinbaren? _____

Wenn du möchtest, kannst du zum Gespräch auch Notizen oder Materialien mitbringen (du brauchst sie nicht aus der Hand zu geben).

Die Vorbereitung der Lehrer auf diese Gespräche erfolgt nach einem ganz ähnlichen Vorbereitungsbogen. Manche Lehrkräfte teilen Schülern und Eltern einige Tage vorher mit, worüber sie sprechen wollen. Zur Vorbereitung der Lehrkräfte gehört auch, dass sie sich über den Entwicklungs- und Leistungsstand der Schüler und der Klasse ein klares Bild machen, damit sie in der Lage sind, den Schülern auch klare Rückmeldungen über deren Leistungen und Fähigkeiten zu geben. Oft bitten Lehrer vor Planungs- und Entwicklungsgesprächen die Klasse auch um eine gesammelte Rückmeldung zu bestimmten Themen, zum Beispiel Arbeitsklima oder Unterrichtsmethoden. Dies vermittelt einen Gesamteindruck und ermöglicht den Schülern und dem Lehrer, ihre individuellen Eindrücke und Sichtweisen mit der Gesamtsicht zu vergleichen. Meistens weisen Planungs- und Entwicklungsgespräche drei deutlich voneinander unterscheidbare Phasen auf:

Sie beginnen mit einem Rückblick auf das letzte Halbjahr. Zuerst berichtet normalerweise der Schüler über seine Erfahrungen, Arbeitsergebnisse und Erwartungen und äußert sich über die Arbeit des Lehrers, der Klasse und der Schule. Dann äußert sich der Lehrer zu diesen Aspekten.

In der zweiten Phase werden die zentralen Aspekte des Gesprächs herausgearbeitet. Lehrer und Schüler bemühen sich hier um die gemeinsame Analyse und Klärung, wie die Arbeit und die Leistungen gesehen werden. Es wird darauf fokussiert, welche der Erfahrungen, Wünsche und gegebenenfalls auch Probleme für die weitere Arbeit von zentraler Bedeutung sind: Was von dem, was gesagt wurde, ist für die nächste Zeit besonders wichtig? Woran müssen wir (gemeinsam) arbeiten? Wo liegen besondere Probleme?

Schließlich gilt der letzte Teil des Gespräches der Problemlösung: Was kann/soll im nächsten Arbeitsabschnitt vom Lehrer und vom Schüler geleistet werden, wo liegen besondere Möglichkeiten und Aufgaben? (KIHLBAUM LARSSON u. VINGREN 1995) Den Abschluss des Gespräches bilden oft Vereinbarungen oder Absprachen für die Arbeit des nächsten halben Jahres. Diese Vereinbarungen gelten für Lehrer wie Schüler gleichermaßen. Beim nächsten Planungs- und Entwicklungsgespräch in einem halben Jahr prüfen Lehrer wie Schüler, ob die Vereinbarungen eingehalten werden konnten. Dabei werden auch Aspekte früherer Gespräche wieder aufgegriffen. So wird in Planungs- und Entwicklungsgesprächen die Entwicklung über einen längeren Zeitraum verfolgt und immer wieder sichtbar. Durch gemeinsame Planung und Problemlösung kann sich ein Vertrauensverhältnis zwischen Lehrer und Schülern entwickeln, vor allem, weil der Schüler erfährt, dass der Lehrer sich wirklich um ihn kümmert.

Planungs- und Entwicklungsgespräche mit Schülern 105

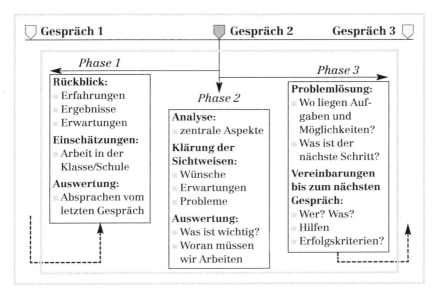

Sequenz und Phasen von Planungs- und Entwicklungsgesprächen

Erfahrungen: Schwedische Schüler über Planungs- und Entwicklungsgespräche

Wie fandet ihr diese Gesprächsform?

Stefan: Der Lehrer hat mich gefragt, wie ich mich selbst einschätze. Dann haben wir darüber gesprochen. Das fand ich unheimlich gut.

Björn: Solche Gespräche helfen auch schüchternen Leuten, mal was zu sagen.

Pernilla: Ich find's gut, dass mal genau über meine Situation gesprochen wird. Man bekommt dann die Arbeit in der Schule viel besser in den Griff und weiß viel besser, wie man eingeschätzt wird. Man kann auch diskutieren, wie man sich fühlt und was man schlecht findet. Ohne so ein Gespräch würde man es vielleicht nie sagen.

Mikaela: Oder einen Lehrer kritisieren.

Pernilla: Richtig. Wenn man Probleme hat, ist es das Beste, mit dem Lehrer direkt darüber zu sprechen: Man braucht keine Umwege. In den Gesprächen kann man gut Probleme lösen.

> *Waren die Gespräche für euch wichtig? Fühlt ihr euch durch sie unterstützt?*
> *Stefan:* Klar. Nach solchen Gesprächen weiß man, woran man weiter arbeiten muss.
> *Pernilla:* In solchen Gesprächen merkt man, dass die Lehrer sich um einen kümmern.
> *Mikaela:* Es ist schön, dass man weiß, dass man mit den Lehrern sprechen kann.
> *Pernilla:* Einige Schüler brauchen diese Gespräche, um sich überhaupt mal dem Lehrer zu öffnen.
> *Tomas:* Solche Gespräche geben einem einen echten Ruck – das ist was ganz anderes als diese Kurzgespräche in der Klasse oder auf dem Flur. (HEMMÄLIN 2002)

Planungs- und Entwicklungsgespräche in Schweden unterscheiden sich in ihrer Philosophie, ihrer Organisation und ihrer Wirkung deutlich von Gesprächen bei Elternsprechtagen in Deutschland, wo sie formalisiert und meist ritualisiert ablaufen. Anders als in Deutschland haben bei Planungs- und Entwicklungsgesprächen in Schweden die Schüler eine herausgehobene Stellung, ihrem Feedback wird eine große Bedeutung zugemessen.

> **Eigentlich ist der Elternsprechtag ein Lehrersprechtag**
>
> Elternsprechtag für die 3. Klasse. Eingeplant ist eine Viertelstunde. Freundliche Begrüßung. Die Lehrerin zieht das Zeugnis aus der Klarsichthülle und liest es vor. Pause nach jedem Abschnitt. „Hast du das verstanden?" – „Klar!" Der Sohn nickt. „Willst du noch etwas wissen?", fragt die Lehrerin. Der Sohn blickt erwartungsvoll zur Mutter und schweigt. Die Lehrerin erklärt den nächsten Abschnitt. Erleichterung beim Sohn. Nach zehn Minuten ist alles vorbei. Draußen, auf dem Flur, fragt der Sohn die Mutter: „Warum gehen wir eigentlich zum Elternsprechtag?"

Dass in Skandinavien die Möglichkeit und der Bedarf an solchen Entwicklungsgesprächen bestehen, ist nicht nur eine Frage des guten Willens der Lehrkräfte oder Schüler. Es liegt vor allem an der Orientierung am Schüler.

Individualisierung und Differenzierung im Unterricht

Wer als Lehrkraft bei solchen Gesprächen auf den Schüler eingehen will, braucht genaue Informationen über den einzelnen Schüler, er muss ihn im Unterricht beobachtet und seine Möglichkeiten und Grenzen kennen gelernt haben. Dies ist nur bei hoher Individualisierung und Differenzierung im Unterricht möglich. Sie reichen von der Erstellung individueller Lern- oder Arbeitspläne über detaillierte Lernerfolgs-Rückmeldung an Schüler und Eltern und Möglichkeiten der Methodenwahl bis hin zu flexibler Stundenplangestaltung und Differenzierung der Aufgabenstellung im Unterricht und bei Klassenarbeiten. Individualisierung und Differenzierung sind aber keine Maßnahmen, die ausschließlich von Lehrkräften verordnet werden, sondern sie gründen auf der Beteiligung und der Mitwirkung der Schüler. Sie werden angehalten, ihre Sichtweisen und Wünsche vorzutragen, sie erhalten regelmäßig Gelegenheit, sich durch Schülerfeedback einzubringen. Individualisierung und Differenzierung geschehen also gemeinsam durch Lehrer und Schüler.

Orientierung an Dokumentation und Präsentation – am individuellen Lernweg

In Planungs- und Entwicklungsgesprächen bemühen sich die Beteiligten nach Möglichkeit, ihre Aussagen konkret auf die Arbeit im Unterricht zu beziehen. Immer häufiger werden in die erste Phase auch Dokumente aus dem Unterricht einbezogen. Wenn beispielsweise ein Portfolio (vgl. S. 109) vorliegt, kann der Schüler es dem Lehrer und den Eltern präsentieren. Allein das schafft schon ein wertschätzendes Gesprächsklima. Häufig sind die Präsentationen für die Eltern der beste Einblick in die Arbeit ihrer Kinder. Auch die Lehrer können Arbeitsergebnisse, Aufzeichnungen und Materialien in diese Gesprächsphase einbeziehen (zum Beispiel Dokumente von Präsentationen in der Klasse, bei Referaten, Wandzeitungen). Portfolios, Logbücher und Materialien bieten – vor allem über einen längeren Zeitraum – die Möglichkeit, die Arbeit eines Schülers kontinuierlich zu verfolgen und zu bewerten. Viel mehr als in deutschen sind Schulen in Skandinavien darauf eingerichtet, Lernen und Lernfortschritte systematisch zu dokumentieren und die Arbeit in der Klasse festzuhalten. Man braucht also nicht unbedingt große Umfragen oder Studien zu machen, um an Schülerfeedback heranzukommen. Das Schülerfeedback liegt sozusagen schon auf den Schultischen, hängt an den Wänden in den Klassen, wird in Schulfluren präsentiert.

Die Königsdisziplin des Schülerfeedbacks: Dokumentieren

Dokumentation ist zum einen *das* Werkzeug, wenn man als Lehrkraft herausfinden will, was der einzelne Schüler, die Schülerin kann und was in der Klasse geschieht. Zum anderen ist es für den einzelnen Schüler und die Klasse *das* Werkzeug, die eigene Entwicklung im Blick zu behalten, auf die eigene Arbeit zurückzublicken. Wer dokumentiert, trainiert immer auch, Entwicklung (Prozesse) wahrzunehmen. Gleichzeitig fördert Dokumentation den Dialog mit Kollegen und Eltern und erleichtert Zusammenarbeit und Rechenschaft.

Die wichtigsten **Werkzeuge für die Dokumentation** sind:

- **Papier und Bleistift** – oder: „Warum schreiben Sie eigentlich im Unterricht nie mit, wenn ich mal was Gutes sage?" (Das nach unserer Einschätzung im Unterricht am wenigsten häufig genutzte, aber wichtigste Dokumentationswerkzeug: In einer Unterrichtsstunde ereignen sich so viele Lernprozesse, dass man sie als Lehrer gar nicht ‚behalten' kann. Lehrer, die mit Papier und Bleistift dokumentieren, signalisieren den Schülern auch, dass deren Beiträge wichtig sind.)
- **Fotoapparat** – oder: „Sehen wir jeden Tag eigentlich so gleich aus wie Sie?" (Viele Situationen und Ergebnisse – zum Beispiel Tafelbilder, Vorführungen, Gesten – verschwinden aus dem Gedächtnis, wenn man der Erinnerung an sie keine Ankerpunkte gibt.)
- **Digitalkamera** – oder: „Das bin ich doch nicht!" (Dokumentation mit Hilfe einer Digitalkamera ermöglicht eine sehr schnelle Rückmeldung an die Schüler – und eine Reaktion der Schüler darauf. Gleichzeitig können Schüler mit Hilfe einer Kamera ihre Arbeit im Unterricht dokumentieren und – zum Beispiel ihren Eltern – weitergeben.)
- **Computer** – „Der große Bruder, der alles weiß und dir – wenn es gut geht – auch hilft!" (zentrales Archiv für alle Aufzeichnungen und Dokumente – und zwar für Lehrer wie Schüler. In vielen Schulen in Schweden können Schüler von ihrem Rechner zu Hause auf den Schulrechner zugreifen und dort zum Beispiel ihre Unterrichtsergebnisse abrufen. In vielen Fällen können Schüler ihren Teil der Dokumentation auch auf CD brennen und mit nach Hause nehmen.)
- **Scanner** – „Fast so gut wie kopieren!" (Präsentationen von Schülern, zum Beispiel Overheadfolien, können digital erfasst und weitergegeben werden, handschriftliche Produkte können beim Lehrer und beim Schüler bleiben.)

In einer Schule für regelmäßige und sorgfältige Dokumentation der Arbeit im Unterricht zu sorgen, ist ein wichtiger Ausgangspunkt für Planungs- und Entwicklungsgespräche und es kann der wichtigste Beitrag zum Schülerfeedback sein, nämlich das ernst zu nehmen und zu sammeln, was Schüler leisten und was in der Klasse passiert. Und natürlich kann Dokumentation indirekt auch dafür sorgen, dass Schüler selbst ernster nehmen, was sie abgeben. Von Planungs- und Entwicklungsgesprächen, bei denen Lehrkräfte und Schüler auf so differenziertes und sachbezogenes Schülerfeedback zurückgreifen können, profitieren auch die Arbeitskultur in der Klasse und das Unterrichtsklima.

Ernst nehmen und von dem lernen, was die Schüler tun – Portfolio

Ein Portfolio dokumentiert die Lernentwicklung und die Lernfortschritte der Schüler. Es ist ein Instrument selbstständigen Lernens und zur Schaffung von Transparenz über die Qualifikationen des Schülers. „Portfolio ist eine Form pädagogischer Dokumentation (…). Es ist ein Instrument des Lehrers und setzt schülerorientierte und -aktivierende Arbeitsformen im Unterricht voraus. Das Portfolio soll den Lernprozess des Schülers auf eine für den Schüler, Eltern und Lehrkraft positive und sinnhafte Weise dokumentieren." (ELLMIN 2000, S. 27). Ein Portfolio ist ein Feedback für den Schüler selber und gleichzeitig eine Rückmeldung an die Lehrkräfte: Das habe ich erreicht, das ist mein Lernweg.

Schüler sammeln in einem Portfolio unterschiedliche Dokumente und Nachweise darüber, was sie gelernt haben, wie sie gelernt haben und wo sie das Gelernte haben einsetzen können. In Skandinavien sind Portfolios in allen Fächern bereits weit verbreitet, umfangreichere Versuche dazu gibt es auch in der Schweiz. Für Fremdsprachen gibt es das „Europäische Sprachportfolio" als Mischform eines Sprachenpasses und eines Schülerdossiers. Ein Portfolio zu führen bedeutet für den Schüler,
- über längere Zeit kontinuierlich an einer (kreativen) Aufgabe zu arbeiten und selbst Verantwortung zu übernehmen für seine Arbeit und seinen Lernweg,
- nachzuverfolgen, was er gelernt hat,
- die eigenen Lernergebnisse, Gedanken, Ideen und Interessen zu sammeln, zu ordnen, zu bewerten und zu präsentieren,
- Qualifikationsnachweise und Beurteilungen systematisch zu sammeln,

- ein Gefühl und ein Beurteilungsvermögen für Lernprozesse zu entwickeln und die eigene Arbeit zu bewerten,
- Selbstwertgefühl aufzubauen und Rechenschaft abzulegen,
- Grundlagen zu schaffen für begründete Gespräche über Erwartungen und Leistungen,
- Fortschritte zu erleben.

Aufbau, Struktur und Inhalte von Portfolios können sehr unterschiedlich angelegt und zum Teil auch nach Fächern differenziert sein. BÖRJESSON (1998) schlägt für ein Schülerportfolio der Klassen 7 bis 9 eine Sammlung von ergebnis- und prozessbezogenen Arbeiten (Verlaufsbeschreibungen und Material) jeweils für einen bestimmten Zeitraum vor und spricht sich aus für eine Mischung von Präsentationsportfolio und Entwicklungsportfolio:

Persönliche Entwicklung
- Fotos, Selbstporträts, autobiografische Texte
- Was war am schönsten, schwierigsten im letzten Halbjahr? Worüber bin ich besonders stolz?
- Meine Interessen (Foto/Video)
- Was ich können beziehungsweise lernen will ...

Lernwege/-leistungen
- Muttersprache/Fremdsprachen: Vorlesen/Erzählen (Bandaufnahme)
- Schriftliche Arbeiten, Aufsätze
- Mathematik: Problemlösungen, Anwendungen
- Sport, Kunst, Facharbeit: Fotos und Text
- Musik: Aufnahme (Instrumental, Gesang)

Reflexion
- Lernziele für das Halbjahr
- Eigene Ziele für das Halbjahr
- Reflexion über das eigene Lernen
- Ziele des Schulprogramms und Mitarbeit an deren Umsetzung

Portfolios können – vor allem in den einzelnen Fächern – auch in die Leistungsbewertung einbezogen werden, wobei vorab geklärt werden sollte, welche Bereiche einbezogen werden, ob obligatorische Themen/Teile vorgegeben werden und ob nur das fertige Produkt oder aber auch die Darstellung des Arbeitsprozesses bis zum fertigen Produkt bewertet wird.

Zum Klassen-Schülerfeedback werden die Portfolios durch die Präsentation in der Klasse und durch eine gemeinsame Auswertung. Was präsentiert wird, kann entweder die Klasse auswählen oder die Lehrkraft nach bestimmten Kriterien festlegen. Bei der Auswertung kann sich die Lehrkraft konzentrieren auf Gemeinsamkeiten und Unterschiede bei den Lernwegen, auf zentrale Aussagen zum Unterrichtsklima beziehungsweise zur Schülerzufriedenheit. Ein Schul-Feedback wird erreicht, wenn die Lehrkraft andere Kollegen bei der Auswahl beziehungsweise Auswertung einbezieht und/oder die Ergebnisse anderen Kollegen präsentiert.

Ein Alltags-Portfolio: das Arbeitsjournal

Eine Vorform des Portfolios ist das Arbeitsjournal, es kann auch vom einzelnen Fachlehrer eingeführt werden. Ein Journal erfasst einen längeren Unterrichtsabschnitt beziehungsweise ein Projekt. Grundgerüst sind Angaben, wie sie auch in einem (übersichtlich geführten) Hausheft zu finden wären. Dazu kommen dann Ausarbeitungen und Reflexionen des Schülers.

Arbeitsjournal (Klasse 9)

Im nächsten Halbjahr sollst du ein Journal über deine Arbeit im Deutschunterricht schreiben: Es enthält wichtige Arbeits- und Lernergebnisse aus dem Deutschunterricht und deine persönlichen Einschätzungen und Kommentare. Wenn du möchtest, kannst du im Journal auch Briefe oder Anfragen an deinen Lehrer schreiben.
Am besten verwendest du dazu ein Heft mit 96 DIN-A4-Seiten oder einen Ordner/Schnellhefter. Ins Journal gehören:
a) eine Lerninventur (Inhaltsverzeichnis/Bewertung der Unterrichtsinhalte)
b) Aufzeichnungen aus dem Unterricht (Tafelbilder, Mitschriften)
c) Hausaufgaben
d) Ideen, Kommentare, freiwillige Arbeiten, Zeichnungen, Schaubilder, die du während des halben Jahres im beziehungsweise zum Deutschunterricht gemacht hast ...

> e) für jedes Vierteljahr eine Lernrückschau (zirka 1 Seite DIN A4): Welche Inhalte waren für dich im letzten halben Jahr besonders wichtig? Was hast du gelernt? Was, glaubst du, wird für deine weitere Arbeit/Zukunft besonders wichtig sein.
> f) zu einem Unterrichtsthema zwei Seiten Material, das du selbst zu diesem Thema gesucht hast (zum Beispiel ein Artikel aus der Zeitung, Informationen aus dem Internet, Interviews)
>
> Alle drei Monate gibst du das Journal deinem Deutschlehrer. Er wird es lesen und dir eine schriftliche Rückmeldung geben. Er wird aber nichts in das Journal hineinschreiben, denn das Journal ist *deine* Sache. Das Journal wird benotet.

Schülerfeedback zur Evaluation von Schwerpunkten des Schulprogramms nutzen

Zur Schulprogrammarbeit gehört untrennbar auch die Evaluation der erreichten Ziele und Maßnahmen (vgl. BURKARD/EIKENBUSCH 2000). In manchen Bundesländern sind Schulen bereits ausdrücklich zur schulinternen Evaluation verpflichtet. In Nordrhein-Westfalen beispielsweise müssen alle Schulen pro Schuljahr einen Schwerpunkt beziehungsweise einen wichtigen Baustein des Schulprogramms schulintern evaluieren. Außerdem sollen dort Schulen geeignete Formen des Schülerfeedbacks entwickeln und erproben (MSJK 2003). Es liegt deshalb nahe, Schülerfeedback auch zur Evaluation von Schulprogrammschwerpunkten zu nutzen.

Mit der systematischen Auswertung von Projekten oder Maßnahmen, beispielsweise mittels einer Abschlussbefragung, haben schon viele Schulen Erfahrungen gesammelt. Bei der Evaluation von einzelnen Bausteinen oder besonderen Projekten des Schulprogramms kann daran gut angeknüpft werden. Wichtig ist, eine solche Befragung dann möglichst eng auf die Ziele zu beziehen, die man sich in dem jeweiligen Arbeitsbereich vorgenommen hat und die möglicherweise bereits im Schulprogramm festgehalten wurden. Soll die Umsetzung dieser Zielen evaluiert werden, braucht man Kriterien und Indikatoren anhand derer man feststellen kann, ob die Maßnahme tatsächlich gelungen oder vielleicht auch noch nicht gelungen ist. Im Grunde geht es bei der Formulierung von Evaluationskriterien und Indikatoren darum, so konkret wie möglich zu sagen, was man erreichen möchte, so dass

Schülerfeedback zur Evaluation des Schulprogramms nutzen 113

die Umsetzung in der Unterrichtspraxis auch tatsächlich beobachtbar oder überprüfbar ist. Also: Woran genau wollen wir festmachen, dass wir unsere Ziele tatsächlich erreicht haben? Woran erkennen wir, ob wir in einem Bereich „gut" oder „weniger gut" sind? Je konkreter man solche Indikatoren formuliert, desto einfacher ist es erfahrungsgemäß, einen geeigneten Fragebogen für Schülerrückmeldungen zu Schulprogrammschwerpunkten zu entwickeln.

Ein entsprechendes Vorgehen bietet sich für die Evaluation von Schulprogrammschwerpunkten an. Wählen Sie ein wichtiges Vorhaben oder Projekt des Schulprogramms aus. Sammeln Sie mit den Beteiligten (beispielsweise den Lehrkräften eines Jahrgangs oder in den Fachgruppen) Indikatoren, die eine erfolgreiche Umsetzung in der Unterrichtspraxis beschreiben, beispielsweise: „Woran lässt sich in unserem Jahrgang erkennen, dass die Schülerinnen und Schüler mehr Methodenkompetenz erworben haben?" Wählen sie 10 bis 15 Indikatoren aus, die aus Ihrer gemeinsamen Sicht die wichtigsten sind. Formulieren Sie die Indikatoren anschließend in Fragen für einen Schülerfragebogen um. Die Befragung kann beispielsweise parallel in allen Klassen eines Jahrgangs durchgeführt werden. Der Auswertungsaufwand lässt sich begrenzen, wenn man die Befragung in Form eines Wandfragebogens gestaltet. Das Beispiel zeigt einen Schülerfragebogen zum Thema Lernverhalten von Schülerinnen und Schülern.

Beispiel: Wandfragebogen zum Thema: Lernstrategien – Jahrgang 9[1]				
Wenn ich lerne, ...	fast nie	manchmal	oft	fast immer
1. überlege ich mir zuerst, was genau ich lernen muss.	❏	❏	❏	❏
2. versuche ich, neuen Stoff mit Dingen zu verbinden, die ich in anderen Fächern gelernt habe.	❏	❏	❏	❏
3. zwinge ich mich, zu prüfen, ob ich das Gelernte auch behalten habe.	❏	❏	❏	❏
4. versuche ich, den Stoff besser zu verstehen, indem ich Verbindungen zu Dingen herstelle, die ich schon kenne.	❏	❏	❏	❏
5. überlege ich, inwiefern die Informationen im wirklichen Leben nützlich sein könnten.	❏	❏	❏	❏
6. versuche ich herauszufinden, was ich noch nicht richtig verstanden habe.	❏	❏	❏	❏
7. passe ich genau auf, dass ich das Wichtigste behalte.	❏	❏	❏	❏
8. überlege ich, wie der Stoff mit dem zusammenhängt, was ich schon gelernt habe.	❏	❏	❏	❏
9. und etwas nicht verstehe, suche ich nach zusätzlicher Information, um das Problem zu klären.	❏	❏	❏	❏

[1] unter Verwendung von Fragestellungen aus dem internationalen Fragebogen für Schülerinnen und Schüler der PISA-Studie; OECD, 2000, S. 3.

Mit diesem Instrument wollten Kolleginnen und Kollegen den Erfolg von Projekten zum Thema „Lernen des Lernens" evaluieren. Sie nutzten dabei Frageformulierungen aus einem Fragebogen, der in der PISA-Studie eingesetzt wurde, und gingen wie folgt vor:

Erster Schritt: Eine Arbeitsgruppe entwickelt einen Fragebogen im Umfang von etwa 10 bis 15 Fragen.

Zweiter Schritt: In allen betroffenen Klassen führen die Klassenlehrer die Schülerbefragung durch. Alle Schülerinnen und Schüler füllen den Fragebogen zunächst individuell aus. Gleichzeitig wird der Bogen vergrößert auf einem Plakat an die Wand des Klassenraums gehängt.

Dritter Schritt: Die ausgefüllten Bögen werden eingesammelt.

Vierter Schritt: Jede/r Schüler/in zieht aus dem Stapel einen Fragebogen (zur Wahrung der Anonymität!) und überträgt mit einem Filzschreiber die Ergebnisse des von ihr/ihm gezogenen Fragebogens in das Muster auf dem Wandplakat.

Fünfter Schritt: Das Ergebnis steht sofort als Ausgangspunkt der anschließenden Auswertung und Diskussion innerhalb der Klasse anschaulich zur Verfügung.

Sechster Schritt: In einer Konferenz der beteiligten Lehrkräfte (Jahrgangskonferenz) werden die Plakate aus den einzelnen Klassen ausgehängt. Die Lehrkräfte führen eine gemeinsame Analyse der Ergebnisse durch und beraten notwendige Konsequenzen.

Schülerfeedback zum Schulprogramm: Unterrichtsbeobachtungen

Je stärker sich Schulprogrammarbeit auf den Kern von Schule, den Unterricht, bezieht, umso wichtiger wird das Schülerfeedback als Rückmeldung darüber, ob denn überhaupt die im Schulprogramm gesteckten Ziele sinnvoll sind beziehungsweise erreicht wurden. Will Schulprogrammarbeit wirkungsvoll sein, müssen Schüler deren Wirkungen im Unterricht wahrnehmen können. Ein fundiertes Schülerfeedback kann viele wichtige Hinweise für das Gelingen und die Weiterentwicklung von Schulprogrammarbeit geben.

Eine Möglichkeit des Schülerfeedbacks bei Schulprogrammarbeit besteht darin, dass die Schüler die Arbeitsbereiche der Schule „erforschen". Das können sie am besten durch direkte Beobachtungen tun. Man kann einigen Schülern die Aufgabe übertragen zu beobachten, wie Lehrer und Schüler sich bei ihrer gemeinsamen Arbeit in der Schule verhalten.

Fallbeispiel: Erforschung des Frontalunterrichts

Einige schwedische Schulen haben in ihrem Schulprogramm als Ziele formuliert, die innere Arbeit solle geprägt sein von hoher Schüleraktivität und der Frontalunterricht solle sich auf ein Minimum beschränken. In diesen Schulen haben zwei Schüler jeder Klasse die Aufgabe erhalten, über zwei Wochen zu beobachten, wie im Unterricht gearbeitet wurde, und diese Beobachtungen in einem 15-Minuten-Raster auszuwerten. (vgl. auch Stundenprotokoll, S.74) Erwachsene, die über Erfahrungen mit Beobachtungen verfügten, halfen den Schülern. Sie entwickelten einen Beobachtungsbogen mit acht Kategorien, die gewöhnliche Unterrichtsmuster beschrieben. Die Schüler übten mit den Erwachsenen die Anwendung des Beobachtungsbogens anhand einer Videoaufnahme einer Unterrichtsstunde. Die Erwachsenen verfassten eine Zusammenstellung der Schülerauswertungen. Die Schüler waren also nicht an der systematischen Auswertung beteiligt – dies können sie in der Regel weder zeitlich noch inhaltlich leisten –, aber sie erhielten Gelegenheit, sich mit der Auswertung auseinander zu setzen und ihre Standpunkte einzubringen. Durch ihre Teilnahme an einer solchen Rückmeldung lernten die Schüler demokratisch zu handeln. Damit die Rückmeldung auch in diesem Sinne funktionierte, musste man vorab festlegen, welche Normen und Regeln für die Rückmeldung der Schüler galten. Wichtig war die Auseinandersetzung der Schüler mit den Ergebnissen der Beobachtungen bezogen auf die Ziele und die Vorgaben des Schulprogramms. Es ging also nicht um eine thematisch offene Diskussion, sondern um eine spezifische Untersuchungsfrage: Zeigen die Ergebnisse der Beobachtungen, dass die Ziele des Schulprogramms erreicht wurden?

Nach einem Jahr wurde noch einmal eine ähnliche Beobachtung durchgeführt. Durch einen Vergleich der beiden Schülerbeobachtungen konnte die Schule herausfinden, in welchem Umfang die Ziele des Schulprogramms (hohe Schüleraktivität, Beschränkung des Frontalunterrichts auf ein Minimum) erreicht wurden.

Dialog pur: Runde Tische, Gesprächskreise ...

Je mehr man nach elaborierten Instrumenten und Verfahren schaut, umso schneller verliert man das aus dem Blick, was oft eigentlich am nächsten liegt:
- ein regelmäßiger „runder Tisch" mit den Klassensprechern,
- ein Gesprächskreis mit Eltern und Schülern,
- eine Gruppendiskussion in der Klasse mit anschließendem Bericht aus den Kleingruppen,

Schülerfeedback zur Evaluation des Schulprogramms nutzen

- eine Murmelrunde, in der sich Schüler untereinander über einen Unterrichtsschritt austauschen und dann kurz eine Rückmeldung geben.

Die Basis des Schülerfeedbacks ist das Gespräch und die Entwicklung einer Gesprächskultur. Wer nicht miteinander reden kann, der braucht auch kein Schülerfeedback zu machen.

Lehrer lernen Schulentwicklung *mit* Schülern

Werfen wir abschließend noch einmal einen Blick zurück auf das in der Einleitung geschilderte Fallbeispiel der Deutschlehrerin in der 6. Klasse. Die kritischen Rückfragen der Kollegin „Wozu soll das gut sein? Haben Sie etwa demnächst 'ne Revision?", verweisen auf die Möglichkeiten und Grenzen, als einzelne Lehrkraft Verfahren des Schülerfeedbacks in einer Klasse einzuführen.

Strategie I:
Auf eigene Faust anfangen – auf eigenes Risiko

Dass jemand auf eigene Faust beginnt, in seinem Unterricht mit Schülerfeedback zu arbeiten, kann ganz prosaische Gründe haben: Vielleicht hat er gerade ein Buch über dieses Thema gelesen und möchte ausprobieren, ob überhaupt funktioniert, was dort vorgeschlagen wird. Möglich ist natürlich auch, dass die Rahmenbedingungen und die Verhältnisse an der Schule keine Absprachen oder keine lange Vorbereitung zulassen.

„Einfach anzufangen" ist – von wenigen Ausnahmen abgesehen (vor allem: heftige Konflikte in der Klasse/im Kollegium, Abschluss-Situation in der Klasse) – durchaus in Ordnung, hat aber auch Nachteile:

Vorteile	Nachteile
schnelle Umsetzbarkeit	geringe Wirkung bei anderen
keine Absprachen notwendig	Misstrauen/Spekulationen von Kollegen
Möglichkeit zu experimentieren	fehlendes Korrektiv durch Kollegen
privates Eigentum an Daten	keine Vergleiche möglich
Eingrenzbarkeit/Rückholbarkeit	Transfermöglichkeit eingeschränkt

Wenn man die Nachteile bewusst in Kauf nehmen will oder es keine andere Möglichkeit gibt, als so vorzugehen, kann diese Strategie vertretbar sein. Die mit ihr verbundenen Probleme lassen sich begrenzen, wenn man das Schülerfeedback auf einen inhaltlich begrenzten Bereich beschränkt und unaufwändige Verfahren wählt. Besonders wichtig, wenn man Schülerfeedback auf eigene Faust macht, ist es, in der Klasse vorab das Ziel und die möglichen Konsequenzen zu erläutern und abschließend auch eine (gemeinsame) Auswertung und Bewertung der Daten vorzunehmen:
- Was ist das Wichtigste, was ich aus euren Angaben gelernt habe?
- Welche Konsequenzen kann man aus den Rückmeldungen ziehen?

Wenn der Bereich des Schülerfeedbacks so gewählt wurde, dass sich wenigstens eine konkrete Konsequenz für die Arbeit der nächsten drei Monate ableiten lässt, ist viel gewonnen. Wird so vorgegangen, können Schüler sich sicher fühlen, welche Folgen Schülerfeedback für sie hat und wie sie anderen gegenüber darüber berichten können.

Strategie II: Beratung durch kritische(n) Freund(in)

Wenn man Schülerfeedback noch nicht oft durchgeführt hat und dann mit den Rückmeldungen der Schüler konfrontiert wird, besteht immer die Gefahr, Aussagen zu persönlich zu nehmen oder wichtige Aspekte zu übersehen. Dies kann ein kritischer Freund vermeiden helfen, wenn er Analysen und Bewertungen hinterfragt und auf übersehene Aspekte hinweist.

So werden einige Nachteile der ersten Strategie beseitigt, wobei die Vorteile weitgehend erhalten werden können – je nachdem, wen man als kritischen Freund und Helfer gewinnen kann. Die Funktion des kritischen Freundes besteht vorrangig darin, von außen durch kritisches Nachfragen und durch Herstellung von Bezügen und Verbindungen deutlich zu machen:
- Welche Ziele verfolgst du eigentlich?
- Was wird es dir helfen, wenn du diese Ziele erreichst?
- Wie könntest du deine Ziele verändern/anders erreichen?

Es geht ausdrücklich (noch) nicht um jemanden, der bei der Entwicklung oder Durchführung des Schülerfeedbacks hilft, sondern um eine Person, die den Lehrer absichern hilft. Gute kritische Freunde bewahren vor Übermut ebenso wie vor grenzenlosem Selbstzweifel. Sie verfolgen keine eigenen Ziele und Interessen und schaffen mit ihren Fragen beim Gegenüber größere Sicherheit, begründet und gezielt vorzugehen.

Kritische Freunde beim Schülerfeedback können zum Beispiel auch Personen sein, die gerade nicht vom Fach sind und eine externe Sichtweise mitbringen. Auch Jugendliche können sehr gut die Funktion eines kritischen Freundes erfüllen und aus Schülersicht kommentieren, wie die beabsichtigten Vorhaben ankommen, welche Erwartungen und Reaktionen sie auslösen. Gerade bei Jugendlichen als kritischen Freunden ist es aber wichtig, dass sie von außerhalb des Einflussbereiches der eigenen Schule kommen und nicht Gefahr laufen, in Interna verwickelt zu werden.

Strategie III: Netzwerke bilden

Gemeinsam mit einigen Kollegen in die Arbeit mit dem Schülerfeedback einzusteigen, gehört zu den erfolgversprechendsten Strategien für die Implementation dieses Verfahrens. Zudem entspricht es auch der Philosophie von Schulprogrammarbeit. Diese Strategie setzt allerdings voraus, dass zumindest einige Mitglieder des Kollegiums bereits in der Lage und bereit sind, an Schülerfeedback mitzuwirken. Die positive Konnotation von Kooperation und Teamarbeit kann aber nicht darüber hinwegtäuschen, dass mit dieser Strategie unter Umständen auch Nachteile verbunden sein können.

Vorteile	Nachteile
gemeinsame Vorbereitung	Zurückstellung eigener Ansätze
Arbeitsersparnis	Koordinationsaufwand
Austauschmöglichkeiten	zwangsläufiger Vergleich
gegenseitige Hilfe	Gruppendruck
umfangreiche Vorhaben möglich	Überfrachtung von Vorhaben
Kollegialität	Gruppenbildung im Kollegium

Um diese Nachteile möglichst zu vermeiden, sollten sich Lehrkräfte, die gemeinsam Schülerfeedback durchführen wollen, darum bemühen, dass ihre Versuche vom Kollegium wenigstens toleriert werden (zum Beispiel über den Beschluss einer Fach- oder Lehrerkonferenz). Das Bemühen um die Tolerierung solcher Versuche ist immer auch schon ein Stück Lehrerfortbildung und Schulentwicklungsarbeit, es verhindert negative Zuschreibungen und eröffnet Möglichkeiten zur Mitarbeit. Wie auch bei den ersten beiden Strategien bietet es sich hier an, mit kleinen, begrenzten Vorhaben zu beginnen und von vornherein auf eine Langfristigkeit der Arbeit zu setzen (lieber mehrere kleine als ein großes „unverdauliches" Feedback). Gerade Feedback-Vorhaben von Arbeitsgruppen, die sich in der Schule legitimieren oder profilieren wollen, geraten schnell in die Gefahr, überfrachtet zu werden und die Bodenhaftung zu verlieren.

Strategie IV: Über die Schülervertretung einsteigen?

Mit besonderer Vorsicht kann man in Ausnahmefällen auch über die Schülervertretung einsteigen. Vorsicht ist deshalb geboten, weil eine Initiierung des Schülerfeedbacks über die Schülervertretung einerseits schnell den Verdacht wecken kann, die Schülervertretung solle instrumentalisiert werden, andererseits erweckt sie den Eindruck, Schülerfeedback sei keine Sache der Lehrkräfte, sondern allein der Schüler.

> **Schüler für Schülerfeedback**
>
> „Tag für Tag sitzen sie in der Schule und müssen eine leider sehr große Bandbreite an Unterrichts- und Lehrerqualitäten erdulden. Bei manchen Lehrerinnen und Lehrern möchten sie dann gern auch nachmittags in die Schule gehen, bei anderen bleiben sie am liebsten zu Hause. Für diese Lehrerinnen und Lehrer wäre doch nichts einfacher, als sich, nach vereinbarten Regeln, ein sachliches Feedback und Verbesserungsvorschläge bei den Schülerinnen und Schülern zu holen. Das Einzige, was die Schülerinnen und Schüler dann noch zu Recht fordern könnten, wäre, dass diese Vorschläge dann auch ernst genommen und umgesetzt würden, und schon hätte man hochtrabende Erziehungsziele einmal mehr ernsthaft in die Realität umgesetzt." (VON SCHMELING 2000)

Wird das Schülerfeedback hinter dem Rücken des Kollegiums über die Schülervertretung eingefädelt, kann das zur Folge haben, dass es in die Nähe einer Lehrerbeurteilung gestellt wird und Abwehr hervorruft. Konstruktive Schüler-Positionen haben dann im Kollegium kaum eine Chance auf angemessene Würdigung. Auch aus anderen Gründen wird die Strategie der Einführung von Schülerfeedback über die Schülervertretung in vielen Fällen eher schwierig sein. Schülervertretungen haben in der Regel zwar Interesse daran, eine offene Feedbackkultur in der Schule zu etablieren, sie sind aber sehr skeptisch, wenn dies mit aufwändigen, nur von Lehrkräften zu handhabenden Verfahren erfolgt. Dann haben sie den Eindruck, „ihr" Feedback würde ihnen aus der Hand genommen. Zurückhaltung bei Schülern entsteht auch, sobald sie den Verdacht haben, ein Feedback solle erzwungen werden, sie sollten etwas preisgeben, das dann Lehrer intern ausnutzen. Schließlich haben Schülervertretungen manchmal auch Befürchtungen bezüglich der Konsequenzen von Schülerfeedback. Sie wissen, was Schüler eventuell auf (offene) Fragen antworten, und sehen die Gefahr, dass dann von ihnen diskriminierende Rankings gemacht und nach autoritären Sanktionen oder Eingriffen gerufen wird, die in der Schulpraxis nicht umsetzbar sind („Alle schlechten Lehrer sollen weg ...").

Allerdings gibt es inzwischen auch eine Reihe von Schülervertretungen, die aus eigener Initiative Projekte zum Schülerfeedback ins Leben gerufen haben, die sich durch recht differenzierte Methoden und hohe Sensibilität für die Chancen und Gefahren von Schülerfeedbacks auszeichnen (vgl. beispielsweise Projektgruppe Schülerfeedback 2002). Diesen Ball aufzugreifen und entsprechende Projekte zu unterstützen, kann sich selbstredend als ein hoffnungsvoller Einstieg in die Schulentwicklung *mit* Schülern erweisen.

Strategie V: Das Kollegium einbeziehen

Schulentwicklung *mit* Schülern ist für Lehrer notwendigerweise mit Neuorientierungs- und Lernprozessen und mit einer Veränderung ihrer Arbeitskultur verbunden. Diese Prozesse gemeinsam mit dem Kollegium durchzumachen, bietet für die Schulentwicklung große Chancen, weil von vornherein auf den Systembezug geachtet und die Vorhaben im Kollegium verankert werden können. Eine Möglichkeit, Schülerfeedback in der Schule zu initiieren, ist die Durchführung eines Pädagogischen Tages.
Inhalte sollten unter anderem sein:
- Schülerfeedback als Lern-Dialog in der Klasse/in der Schule – der „lernende Lehrer" und der Schüler als „reflektierender Praktiker"
- Bereiche für Schülerfeedback (in unserer Schule)
- Basisinformationen: Ziele, Anlage, Normen, Verfahren, Bedingungen
- Übung mehrerer Verfahren von Schülerfeedback (einschließlich der Rückmeldung von Ergebnissen an eine Klasse und der Erarbeitung von Handlungsschritten/Konsequenzen)

Der Einstieg in einen Pädagogischen Tag könnte erfolgen über ein Input-Referat oder über die Übung ‚Feedback-Biographie untersuchen'. Im zweiten Schritt wäre zu prüfen (Gruppendiskussionen, Punkt-Abfrage an Wandzei-

Strategie V: Das Kollegium einbeziehen

tung), in welchen zwei Bereichen das Kollegium beziehungsweise Teilgruppen des Kollegiums in den nächsten Monaten einen vordringlichen Arbeitsbedarf sehen beziehungsweise in welchen beiden Bereichen fehlende Informationen Weiterentwickungen verhindern.

Beim dritten Schritt werden dann – wieder in Gruppen – für diese Bereiche Verfahren entwickelt. Günstig ist, wenn nicht alle Gruppen sich auf die Erstellung von Fragebögen konzentrieren, sondern wenn es Gruppen zu unterschiedlichen Verfahren/Fragestellungen gibt.

Die Verfahren werden dem Gesamtkollegium – kurz – präsentiert, aber noch nicht analysiert und bewertet. Denn im vierten Schritt füllt jede Gruppe ihr Verfahren mit „Fantasiedaten" aus, wie sie von Schülern zu erwarten wären. Jeweils zwei Gruppen arbeiten danach in einer Situation zusammen:
- Zuerst tauschen sie die Daten/Dokumente aus.
- Dann stellt – aus der Lehrerperspektive! – eine Gruppe die ihr übergebenen Daten/Dokumente der anderen Gruppe vor und erläutert sie.
- Die zweite Gruppe reagiert als rückmeldende/r Klasse/Kurs.
- Die Lehrergruppe führt das Rückmeldegespräch mit der Gruppe in Schülerrolle und hat die Aufgabe, mit der Schülergruppe zusammenzufassen: Was sagen die Daten/Dokumente über die Arbeit in der Klasse?
- Den Abschluss des Rückmeldegesprächs bildet eine Zielvereinbarung: zu vereinbaren ist ein nächster Schritt, der in den nächsten drei Monaten erfolgen kann (gegebenenfalls mit Festlegung der Gelingensbedingungen).

Der fünfte Schritt des Pädagogischen Tages besteht dann darin, diese Arbeitsphase auszuwerten, die zentralen Erkenntnisse herauszuarbeiten und zu bewerten, ob und in welcher Form das Schülerfeedback in der Schule ein wirkungsvoller und praktikabler Ansatz für die Schulentwicklung *mit* Schülern sein kann. Der letzte Schritt gibt dann Gelegenheit zur Bildung von Arbeits-/Projektgruppen, die Schülerfeedbacks durchführen wollen.

Die Deutschlehrerin aus dem in der Einleitung geschilderten Fallbeispiel hat nach dem kurzen Wortwechsel mit der Kollegin ihre Strategie gewählt – und zwar die Variante II, die Beratung durch eine kritische Freundin.

„Was würde denn passieren, wenn du kein Schülerfeedback in deiner Klasse machen würdest?", war eine ihrer Fragen. „Nichts, gar nichts!", hat die Lehrkraft spontan geantwortet – das war dann der Anstoß, mit Schülerfeedback weiterzumachen und Strategie-Variante III anzustreben.

Literatur

ALTRICHTER, Herbert/POSCH, Peter (1990): Lehrer erforschen ihren Unterricht. Bad Heilbrunn: Klinkhardt
ASKEW, Susan (Hg.) (2000): Feedback for Learning. London/New York: Routledge/Falmer
ASKEW, Susan/LODGE, Caroline (2000): Gifts, ping-pong and loops - linking feedback and learning. In: ASKEW
BASTIAN, Johannes/COMBE, Arno/REH, Sabine (2002): Professionalisierung und Schulentwicklung. In: Zeitschrift für Erziehungswissenschaft, (5) 2002, 3, S. 417–435
BASTIAN, Johannes/COMBE, Arno; LANGER, Roman (2001): Durch Schülerrückmeldung den Unterricht verbessern. PÄDAGOGIK H. 5, S. 6–9
BAUER, Karl-Oswald (2002): Von der mechanischen zur professionellen Organisation der Schule. In: Zeitschrift für Sozialisationsforschung und Erziehungssoziologie 12 (1992) 4, S. 325–340
Bayerisches Gesetz über das Erziehungs- und Unterrichtswesen (2000). Bayerisches Gesetz- und Verordnungsblatt, 31. Mai 2000, S. 414
BLOSSING, Ulf: (2003) Skolans kultur påverkar förbättringsförmågan. www.skolforskning.nu/skol/skolmain.nsf/ (17.4.2003)
BLÜML, Karl (1998): Was taugt Schule? Schüler und Eltern geben Rückmeldung. In: Friedrich Jahresheft 1998
BÖRJESSON, Lars Gunnar (1998): Portfolio för elevens kunskapsutvecking. In: Reform i Rörelse 2/1998
BÖTTCHER, Wolfgang/PHILIPP, Elmar (Hg.) (2000): Mit Schülern Unterricht und Schule entwickeln. Weinheim/Basel
BROPHY, Jere (2002): Gelingensbedingungen von Lernprozessen. Arbeitsmaterial im Rahmen der Lehrerfortbildungsmaßnahme ‚Schulprogramm und Evaluation'. Soest: Landesinstitut für Schule (Orig.: Teaching. Genf: International Bureau of Education – Educational practices series)
BRÜGGEMANN/HAHNE-STIEGELBAUER/PETERS (1995): Erfahrung mit Schüler- und Elternbefragungen an Realschulen. In: Landesinstitut für Schule und Weiterbildung (Hg.): Evaluation und Schulentwicklung. Soest: Landesinstitut für Schule und Weiterbildung
Bundesministerium für Unterricht und kulturelle Angelegenheiten (Hg.) (1999): Wie gut ist unsere Schule? Wien, www.qis.at/qisfb.asp?dokument=52&reihenfolge=2
Bürgerstiftung Hannover (1999): Projekt „Feedback für Lehrerinnen und Lehrer". Hannover: Unveröff. Ms.
BUCKHÖJ, Lago (2001): Vad skiljer utvecklingssamtal från andra samtal? In: SKOLVERKET (Hg.): Möten för utveckling. Stockholm
BURKARD, Christoph/EIKENBUSCH, Gerhard (1999): Praxishandbuch Evaluation. Berlin: Cornelsen Scriptor

Literatur

BURKARD, Christoph; EIKENBUSCH, Gerhard (2002): Schulentwicklung international – eine Bilanz. In: PÄDAGOGIK, 11, S. 44–49

COMBE, Arno/HELSPER, Werner: Pädagogische Professionalität – Untersuchungen zum Typus pädagogischen Handelns. Frankfurt/Main

Dachverband Schweizer Lehrerinnen und Lehrer (DSL) (1999): LCH-Berufsleitbild. Verabschiedet von der LCH-Delegiertenversammlung am 19. 06. 1999 http://www.lch.ch/berufsleitbild.htm#10

DITTON, Hartmut (2002): Lehrkräfte und Unterricht aus Schülersicht. Ergebnisse einer Untersuchung im Fach Mathematik. Z. f. Pädagogik, 48(2), S. 262–286

DITTON, Hartmut; MERZ, Daniela (1999): Fragebogen für Schülerinnen und Schüler. www.quassu.net/Sch_Unt2.pdf

DITTON, Hartmut; MERZ, Daniela (2002): Qualität von Schule und Unterricht. Kurzbericht über erste Ergebnisse einer Untersuchung an bayerischen Schulen. www.quassu.net/Bericht1.pdf (2002)

DUBS, Rolf (2003): Qualitätsmanagement für Schulen. Soest: Landesinstitut für Schule

EIKENBUSCH, Gerhard (1995): Systematische Planungs- und Entwicklungsgespräche in der Schule. In: Organisationsberatung, Supervision, Clinical Management, 2, S. 123–140

EIKENBUSCH, Gerhard (1998): Praxishandbuch Schulentwicklung. Berlin: Cornelsen Scriptor

EIKENBUSCH, Gerhard (2001): Qualität im Deutschunterricht. Berlin: Cornelsen Scriptor

EIKENBUSCH, Gerhard (2001b): Erfahrungen mit Schülerrückmeldung in der Oberstufe. In: PÄDAGOGIK H. 5, S. 18–22

EIKENBUSCH, Gerhard/OLSCHEWSKI, Kerstin (2002): „Das Schulprogramm muss man nutzen – sonst nützt es nichts ..." Erfahrungen von Eltern und Schülern in der Schulprogrammarbeit. In: Ministerium für Schule, Wissenschaft und Forschung/Landesinstitut für Schule und Weiterbildung (Hg.): Schulprogrammarbeit in Nordrhein-Westfalen. Soest

EISELE-BECKER, Margarete (1995): Lehrerbeurteilung durch Schülerinnen und Schüler. Ein Selbstversuch als Antwort auf die Forderungen des SchülerInnenforums. In: Hamburg macht Schule (1999)5, S. 8–11

EKHOLM, Mats/KÅRÄNG, Gösta (1993): Skolor och elevers utveckling. Skolverkets rapport nr 27. Stockholm: Liber Distribution

EKHOLM, Mats (1995) Evaluation als Bestandteil der Arbeitskultur von Schule. Lehrerfortbildung und Schulentwicklung. In: EIKENBUSCH 1995

EKHOLM, Mats (1996): Die Schule und der Rückzug des Staates. In: Deutsche Lehrerzeitung, 42/1996, S. 10

EKHOLM, Mats (1998): Kamratutvärdering mellan skolor (Schüler-Peer-review). Stockholm: Trygghetsfonden för kommuner och landsting. (= rapport 13/98)

EKHOLM, Mats (1999): Schüler machen Schulprogramm und was man von Schweden lernen kann. In: PÄDAGOGIK, Jg. 51, H. 11, S.16–20

EKHOLM, Mats/MEYER u. a. (1996): Wirksamkeit und Zukunft der Lehrerfortbildung in Nordrhein-Westfalen. Abschlussbericht der Evaluationskommission. Düsseldorf: Concept (= Strukturförderung im Bildungswesen des Landes NRW 56)

ELLMIN, Roger (2000): Portfolio. Stockholm: Gothia

FELDMANN, Klaus (2002): Professionalisierung und Interprofessionalisierung im Erziehungsbereich. Hannover; www.erz.uni-hannover.de/~feldmann/feldmann_% 20professionalisierung.pdf

FISCHER, Dietlind (1999): „... damit Neugierde nicht durch Beschäftigungstherapie verloren geht". Ein Schülerbrief als Feeback-Instrument. In: RADNITZKY, Edwin/SCHRATZ, Michael (Hg.): Der Blick in den Spiegel. Texte zur Praxis von Selbstevaluation und Schulentwicklung. Innsbruck: Studienverlag, S. 167–180

FISCHER, Dietlind (2002): Schülerinnen und Schüler an Schulentwicklungsprozessen beteiligen. Referat auf dem Workshop „30 Jahre Lehrerfortbildung vom 2.– 4. Mai 2002 in Bern (Ms.) www.lefobe30.ch/work/WsD2.doc

FROMMER, Helmut (2000): Evaluation – pädagogisch verstanden. In: PÄDADOGIK (52) 10, S. 54.

GRAF, Barbara (1999): Den Unterricht zum Gesprächsstoff machen. In: PÄDAGOGIK (51) 1999

GRAF, Barbara (2001): Verbesserungen des Unterrichts gemeinsam planen und umsetzen. In: PÄDAGOGIK (53) 5, S. 10–13

GRASS, Günter (1999): Der lernende Lehrer. In: DIE ZEIT vom 20.5.1999

HAENISCH, Hans/KINDERVATER, Christina (1999): Evaluation der Qualität von Schule und Unterricht. Bönen: DruckVerlag Kettler.

HAGSTEDT, Herbert (1991): Schulerkundungen – Ausgangspunkt einer bedarfsorientierten Lehrerfortbildung? In: Unterrichtswissenschaft H. 1, S. 43–53

Hamburg macht Schule (2000): Feedback und Mitgestaltung. H. 3; Übersicht in: www.hamburger-bildungsserver.de/welcome.phtml?unten=/innovaiion/thema/feedback/hms3_00l.html

HEINER, Maja (1988): Selbstevaluation in der sozialen Arbeit. Freiburg 1988.

HELMKE, Andreas (2003): Unterrichtsqualität erfassen – bewerten – verbessern. Seelze: Kallmeyer 2003.

HELMKE, Andreas/HOSENFELD, Ingo u.a. (2002): Unterricht aus der Sicht der Beteiligten. In: HELMKE, Andreas; JÄGER, R.S. (Hg.): Die Studie MARKUS. Landau: Empirische Pädagogik, S. 325–411

HEMMÄLIN, Peter (2002): Förtroliga samtal - intervju med lärare och elever - Kantzowska gymnasiet i Hallstahammar.
www.utvecklingssamtal.skolverket.se/pdf/kantzowska.pdf

HERZMANN, Petra (1997): Schüler-Lehrer-Arbeitskreis. In: Zeitschrift für Pädagogik 49(1997)5, S. 26–29

HESSE, Hans Albrecht (1968): Berufe im Wandel. Ein Beitrag zum Problem der Professionalisierung. Stuttgart

Hessisches Schulgesetz (2002), Stand 21. März 2002 (GVBl. I S. 58)

HOSENFELD, Ingmar/HELMKE, Andreas/SCHRADER, Friedrich-Wilhelm (2002): diagnostische Kompetenz: Unterrichts- und lernrelevante Schülermerkmale und deren Einschätzung durch Lehrkräfte in der Unterrichtsstudie SALVE. In: Zeitschrift für Pädagogik. 45. Beiheft. Weinheim: Beltz, S. 65–82.

IFS (Institut für Schulentwicklungsforschung) (1999): IFS-Schulbarometer. Dortmund

Kantonsschule Zug (1999): Schülerinnen- und Schüler-Feedback: Standards. Zug 1999 (Ms.)

Literatur

KIHLBAUM LARSSON, Arne; VINGREN, Gunnar (1995): Utvecklingssamtal i skolan. Stockholm: Liber Utbildning

KLAFKI, Wolfgang (1985): Neue Studien zur Bildungstheorie und Didaktik. Weinheim

KLINGBERG, Lothar (1987): Überlegungen zur Dialektik von Lehrer- und Schülertätigkeit im Unterricht der sozialistischen Schule. Potsdamer Forschungen der Pädagogischen Hochschule ‚Karl-Liebknecht', Erziehungswissenschaftliche Reihe 74

KRESSEL, Tilman: Schüler-Eltern-Schulentwicklung. In: Hamburg macht Schule o.J. (1999) 5, S. 6–7

Landesinstitut für Schule und Weiterbildung – LFS (Hg.) (2002): Schulprogrammarbeit auf dem Prüfstand. Soest: Druckverlag Kettler

Landesinstitut für Schule und Weiterbildung – LFS (1997): Schulentwicklung und Schulaufsicht (QUESS). Eine Auswahl von Ansätzen und Ergebnissen der Arbeit der Regionalen Projektgruppe Detmold und der einzelnen Schulen. Soest (Ms.)

Landesweite Kommission Qualitätsmanagement (Ministerium für Bildung, Wissenschaft und Weiterbildung Rheinland-Pfalz) (2001): Ausschreibung: Wettbewerb Qualität schulischer Arbeit. Mainz; lmz.bildung-rp.de/qualitaetsmanagement/Ausschreibung-WettbewerbneueVersion2.htm

LANGER, Roman (2001): SchülerInnenfeedback. In: PÄDAGOGIK H. 5, 30–34

Lärarförbundet (2001): Lärares yrkesetik. Stockholm. www.lararforbundet.se/web/ws.nsf/Documents/

LEUDERS, Timo (2001): Qualität im Mathematikunterricht. Berlin: Cornelsen Scriptor.

MEIER, Marion (2001): Wie Schüler auf Feedback reagieren. In: PÄDAGOGIK h. 5, S. 23

MEYER, Meinert A., SCHMIDT, Ralf (Hg.) (2000): Schülermitbeteiligung im Fachunterricht. Opladen

MEYER, Meinert A./JESSEN, Silke (2000): Schülerinnen und Schüler als Konstrukteure ihres Unterrichts. In: Z. f. Pädagogik., (46) 5, S. 711–730

MEYER-DIETRICH, Inge (1998): Und das nennt ihr Mut. Ravensburg: Maier 1998

Ministerium für Schule, Jugend und Kinder (MSJK) (2003): Schulprogrammarbeit und interne Evaluation – Vorgaben für die Jahre 2003 und 2004. RdErl. d. MSJK v. 29.4.2003 - 521.1.07.03.06 - 3156

Ministerium für Schule, Wissenschaft und Forschung (MSWW) (1998): Evaluation. Eine Handreichung. Frechen: Ritterbach

MORTIMORE, P./SAMMONS, P./STOLL, L. u.a. (1988): School Matters: The junior years. Sommerset: Open Books

MÜLLER, Sabine (1996): Schulentwicklung und Schülerpartizipation. Luchterhand

OECD PISA (2000): Programme for International Student Assessment: CCC Questionnaire.psaweb.acer.edu.au/oecd/PISA20000_CCC_Questionnaire.doc

OGDEN, Terje (1993): Kvalitetsmetvetande i Skolan. Lund: Studentlitteratur

PORTER, A.C./BROPHY, J.E. (1988): Synthesis of research on good teaching: Insights from the work of the 'Institute of Research and Teaching'. In: Educational Leadership, H. 8, S. 74–85

POSCH, Peter/SCHRATZ, Michael/THONHAUSER, Josef (2002): Unterrichtsbezogenes Individualfeedback von Lehrerinnen und Lehrern. In: EDER, Ferdinand u.a. (Hg.): Qualitätsentwicklung und Qualitätssicherung im österreichischen Schulwesen. Innsbruck: StudienVerlag

Projektgruppe Schülerfeedback (2002): Jugendstadtrat Solingen: Konzept zum Projekt Schülerfeedback in Solingen (www.jugendstadtrat.de/)

Sächsische Arbeitsstelle für Schule und Jugendhilfe. Unterrichtsbeurteilung durch Schüler. Auswertungsbericht. Dresden 2000; www.sn.schule.de/smkpub/34/ubeurt/wiss-auswertung.html

Sächsisches Staatsministerium für Kultus (2001): Unterrichtsbeurteilung durch Schüler – ein Pilotprojekt des Sächsischen Staatsministeriums für Kultus www.sn.schule.de/smkpub/34/ubeurt/wiss-auswertung.html

SCHMELING, Moritz von (Landesschülervertretung NW): Chance oder Gefahr: Schülerfeedback. www.grabberadio.de

SCHRATZ, Michael (1996): Gemeinsam Schule lebendig gestalten. Anregungen zu Schulentwicklung und didaktischer Erneuerung. Weinheim/Basel (darin: Im Dschungel der Gefühle. Fotografie als Medium der (Selbst-)Reflexion, S. 68–82)

SCHULEN OENZ (1999): Portfolio-Schulen. Intensiv-Projekt-Schulen 1999–2004. Oenz (www.ipsbe.ch)

SKOLVERKET (Hg.) (2000): Att samla in och bearbeta data. Stockholm: Liber

Staatsinstitut für Schulpädagogik und Bildungsforschung (2003) (Hg.): Bilanz ziehen: Fragebogen mit Auswertungshilfen zur schulinternen Evaluation. München www.isb.bayern.de/bf/evaluation/bilanz02.pdf

STRITTMATTER, Anton (2001): Langzeiterfahrungen mit SchülerInnenfeedback. In: PÄDAGOGIK, 5, S. 36–39

VON HENTIG, Hartmut (1991): Der neue Eid. In: DIE ZEIT 19.09.1991

WALBERG, Herbert J.; PAIK, Susan J. (2002): Guter Unterricht – praktisch. Arbeitsmaterial im Rahmen der Lehrerfortbildungsmaßnahme ‚Schulprogramm und Evaluation'. Soest: Landesinstitut für Schule (Orig.: Effective educational practises. Genf: International Bureau of Education – Educational practices series vol 3)

WATKINS, Chris (2000): Feedback for teachers' learning. In: Askew (2000), S. 65–80

WATKINS, Chris /CARNELL, Eileen u. a. (1996): Learning About Learning: Resources for Supporting Effective Learning. London: Routledge

WOLF, Ingo (1995): Den eigenen Unterricht evaluieren. In: BURKARD, Christoph/EIKENBUSCH, Gerhard (Red.) (1995): Evaluation und Schulentwicklung. Soest: Landesinstitut für Schule und Weiterbildung, S. 175 ff.